essentials

Essentials liefern aktuelles Wissen in konzentrierter Form. Die Essenz dessen, worauf es als „State-of-the-Art" in der gegenwärtigen Fachdiskussion oder in der Praxis ankommt. Essentials informieren schnell, unkompliziert und verständlich

- als Einführung in ein aktuelles Thema aus Ihrem Fachgebiet
- als Einstieg in ein für Sie noch unbekanntes Themenfeld
- als Einblick, um zum Thema mitreden zu können

Die Bücher in elektronischer und gedruckter Form bringen das Expertenwissen von Springer-Fachautoren kompakt zur Darstellung. Sie sind besonders für die Nutzung als eBook auf Tablet-PCs, eBook-Readern und Smartphones geeignet.

Essentials: Wissensbausteine aus den Wirtschafts, Sozial- und Geisteswissenschaften, aus Technik und Naturwissenschaften sowie aus Medizin, Psychologie und Gesundheitsberufen. Von renommierten Autoren aller Springer-Verlagsmarken.

Tim Rödiger

On Story

So setzen Sie Strategien erfolgreich um

Tim Rödiger
Berlin
Deutschland

ISSN 2197-6708   ISSN 2197-6716 (electronic)
essentials
ISBN 978-3-658-09881-0   ISBN 978-3-658-09882-7 (eBook)
DOI 10.1007/978-3-658-09882-7

Die Deutsche Nationalbibliothek verzeichnet diese Publikation in der Deutschen Nationalbibliografie; detaillierte bibliografische Daten sind im Internet über http://dnb.d-nb.de abrufbar.

Springer Gabler
© Springer Fachmedien Wiesbaden 2015

Gedruckt auf säurefreiem und chlorfrei gebleichtem Papier

Springer Fachmedien Wiesbaden ist Teil der Fachverlagsgruppe Springer Science+Business Media
(www.springer.com)

Was Sie in diesem Essential finden können

- Warum Stories für Unternehmen wichtig sind.
- Aus welchen Elementen eine Story besteht.
- Welche Stories Führungskräfte benötigen.
- Wie Stories für Unternehmen entwickelt werden.

Inhaltsverzeichnis

Einleitung – Überzeugen Sie mit Stories

1

> The business world is not short on ressources for improving the technology to deliver your storytelling. What is it short on is leaders who actually use stories as a tool for change.[1]

On Story bietet Führungskräften einen systematischen Ansatz zur Entwicklung von Stories für ihre Unternehmen. Sie fragen sich, warum das wichtig ist? Das kann Ihnen Ben Horowitz erklären. Im September 2009 kaufte er zusammen mit seinem Partner Marc Andreessen und einer Investorengruppe die Mehrheit am Internet-telefondienst Skype. Der Kaufpreis betrug $ 2,75 Mrd. Nicht einmal zwei Jahre später, im Mai 2011, wurde Skype für $ 8,5 Mrd. an Microsoft weiterverkauft. Dieser Deal ist nur einer von vielen erfolgreichen Beteiligungen. Im Februar 2011 waren Andreessen/Horowitz die ersten Risikoinvestoren, die zeitgleich Anteile an den damals vier wertvollsten Social-Media-Unternehmen besaßen, Facebook, Groupon, Twitter und Zynga.

Den beiden Investoren gelingt es immer wieder, zur richtigen Zeit die richtigen Investmententscheidungen zu treffen. Und das in der schwer überschaubarem Hightech- und Softwarebranche. Tausende Startups bemühen sich um Risikokapital, viele bekommen es, aber nur wenige stellen sich ein paar Jahre später auch als erfolgreiche Beteiligungen heraus. Wie schaffen es Andreessen/Horowitz, immer wieder und frühzeitig die richtigen Unternehmen zu finden?

Vielleicht denken Sie jetzt, die beiden arbeiten, wie in der Finanzbranche üblich, mit komplexen Finanzkennzahlen oder hochentwickelten mathematischen Modellen. Aber Kennzahlen sind nicht alles. Worauf die beiden Risikoinvestoren ihre Entscheidungen stützen, erklärt Ben Horowitz in seinem Blog:

---

[1] Charles H. Green, The trusted Advisor Fieldbook. 2011

© Springer Fachmedien Wiesbaden 2015

T. Rödiger, *On Story,* essentials, DOI 10.1007/978-3-658-09882-7_1

> A company without a story is usually a company without a strategy.[2]

Andreessen/Horowitz achten bei Investments auf die Story. Ihrer Erfahrung nach fehlt Unternehmen, die keine überzeugende Story habe, auch eine klare Strategie. Dagegen verstehen Kunden, Mitarbeiter, Gesellschafter, Investoren und Journalisten mit einer guten Story besser, worum es dem Unternehmen geht. Dann kann eine Strategie wirksam umgesetzt werden. Dann wissen Mitarbeiter, warum sie für das Unternehmen arbeiten sollen. Dann verstehen Investoren, warum sie sich an dem Unternehmen beteiligen sollen. Dann verstehen Kunden, warum sie die Produkte kaufen sollen.

Für Andreessen/Horowitz sind Äußerungen wie *„Die Journalisten haben es nicht verstanden"* oder *„Wir haben tolle Technologie, wir brauchen nur besseres Marketing "* klare Anzeichen dafür, dass den Führungskräften eine überzeugende Story fehlt.[3] Würden Sie in solche Unternehmen investieren?

Nicht nur Andreessen/Horowitz verlangen eine gute Story. Auch andere Risikoinvestoren, Journalisten, Kunden und Mitarbeiter fragen immer öfter nach der Story eines Unternehmens. Deswegen tauchen Begriffe wie Brandstory, Gründerstory oder Equity Story vermehrt im Management auf. Führungskräfte müssen sich damit auseinandersetzen. Sie brauchen heutzutage nicht nur analytisches Denkvermögen, Mut zu schwierigen Entscheidungen und die Fähigkeit, erfolgreiche Teams zusammenzustellen und zu führen. Es wird immer mehr von ihnen erwartet, dass sie auch eine überzeugende Story zu ihrem Unternehmen haben.

Stories werden für Führungskräfte wichtiger. Nur haben die wenigsten von ihnen in der Ausbildung oder während ihres Berufslebens gelernt, Stories systematisch als Führungsinstrument einzusetzen. Wie erfahren sie also mehr darüber, was eine Story ausmacht, welche Stories sie benötigen und wie Stories entwickelt werden? Dafür gibt es dieses Buch. *On Story* erklärt, warum Stories wichtig sind, was eine Story ausmacht, welche Stories Führungskräfte benötigen und wie Stories entwickelt werden. Die Fragen gliedern das Buch gleichzeitig in die nachfolgenden Kapitel.

1. Darum sind Stories für Unternehmen wichtig
2. Das ist eine Story
3. Stories für Führungskräfte
4. Stories entwickeln

---

[2] Horowitz, Ben: How Andreessen Horowitz Evaluates CEOs. http://www.bhorowitz.com/how_andreessen_horowitz_evaluates_ceos. (12. Mai 2015).

[3] ebd.

On Story ist als praktische Hilfe für den Berufsalltag gedacht. Sie finden hier kein umfassendes Standardwerk, sondern eine Anleitung, wie Stories für die Führungsarbeit genutzt werden können. Das Buch enthält zwei Werkzeuge, den MORE-Ansatz und die Storykarte. Die Werkzeuge helfen Ihnen, Stories für das eigene Unternehmen zu entwickeln.

Der MORE-Ansatz und die Storykarte werden am Beispiel von Lieblingsköder erklärt. Das Unternehmen entwickelt, produziert und vermarktet Angelköder und ist 2013 an den Markt gegangen. Der Markt ist geprägt von einer hohen Austauschbarkeit der Produkte und dementsprechend hart umkämpft. Es herrschen Verdrängungswettbewerb und Preisdruck. Die Markteintrittsbarrieren sind gering und die Profitmargen unter Druck. Dennoch gelang es Lieblingsköder in kürzester Zeit, sich erfolgreich zu positionieren. Gleich nach dem Markteintritt kam es zu Lieferengpässen. Das gesamte Sortiment war innerhalb von vier Monaten ausverkauft, mit einem Marketingbudget, für das sich nicht einmal ein Geschäftsbericht drucken lässt. Wie das alles funktioniert hat? Mit den Werkzeugen aus diesem Buch.

Der MORE-Ansatz und die Storykarte haben dem Gründer Jens Puhle geholfen, die Strategie von Lieblingsköder überzeugend darzustellen gegenüber den Kunden, Mitarbeitern, Investoren und Journalisten. Alle wichtigen Entscheidungen beim Aufbau des Unternehmens, dem Design der Produkte, der Produktion, der Vermarktung und dem Vertrieb erfolgten „on Story". Lieblingsköder genießt in der Anglergemeinde trotz der kurzen Zeit am Markt Kultstatus. Inzwischen reichen allein Gerüchte über mögliche neue Köder aus, damit hunderte Bestellungen bei Lieblingsköder eingehen.

Für Sie als Leser hat das praktische Beispiel zusätzlich den Vorteil, dass Sie den Einsatz der Werkzeuge auf der Internetseite und dem Facebook Account von Lieblingsköder in Aktion sehen können. Ich wünsche Ihnen viel Spaß beim Lesen und Ausprobieren. Lassen Sie sich storyfizieren, es wird sich für Sie auszahlen.

Darum sind Stories für Unternehmen wichtig

2.1 Mehr als ein Modewort

Story ist eines der Schlagworte in der Wirtschaft. Von der Brandstory über die Gründerstory bis hin zur Equity-Story, in vielen Zusammenhängen taucht das Wort Story vermehrt auf. Aber warum ist das eigentlich so? Und warum gerade jetzt?

Geschichten erzählen sich die Menschen schon seit tausenden von Jahren. Mythen, Sagen und Erzählungen prägten Kulturen, Religionen und Gesellschaften bis in die heutige Zeit. Es gab hoch entwickelte Zivilisationen, die ohne die Erfindung des Rades ausgekommen sind. Es gab jedoch keine Zivilisation, die sich ohne Stories entwickelt hat. Noch vor Erfindung der Schrift wurde Wissen so von einer Generation an die andere weitergegeben. Aber warum soll der Erfolg eines einzelnen Unternehmens gerade jetzt von seiner Fähigkeit abhängen, eine gute Story zu haben?

Sie wissen am Ende des zweiten Kapitels, warum Stories gerade heute und in Zukunft so wichtig für Ihr Unternehmen sind. So werden Sie lernen,

- warum nicht nur der Inhalt, sondern auch der Zusammenhang zählt.
- welchen Wert Stories als Unterscheidungsmerkmal haben.
- warum Stories gerade in Zeiten steigender Komplexität wiederentdeckt werden.
- wie Sie mit Stories wichtiges Wissen für Ihren Unternehmenserfolg vermitteln können.

© Springer Fachmedien Wiesbaden 2015
T. Rödiger, *On Story*, essentials, DOI 10.1007/978-3-658-09882-7_2

2.2   Der Kontext zählt

In der Medien- und Werbeindustrie wird viel vom Inhalt oder neudeutsch vom Content gesprochen, sogar eine Content driven Economy herbeigeredet. Der Begriff Content findet auch im Zusammenhang mit dem Wort Story Verwendung. Oftmals wird Story mit Content gleichgesetzt. Genauer betrachtet, ist es aber vielmehr so, dass Stories den Inhalt um einen Kontext ergänzen. Der Inhalt wird in Bezug zu einer Situation oder äußeren Umständen und damit in einem Zusammenhang dargestellt.

Den Menschen fehlt es nicht an Inhalten. Sie werden überschüttet mit Inhalten. Was ihnen fehlt, ist der Kontext. Es mangelt daran, was die ganzen Inhalte für den Einzelnen bedeuten. Es mangelt daran, dass sie beim Empfänger etwas auslösen. Dafür müssen die Inhalte in einen Zusammenhang gestellt werden. Stories verwandeln Fakten und Inhalte in Erfahrungen und lösen dadurch Emotionen aus. Sie verleihen abstrakten Inhalten Bedeutung, weil klar wird, worauf sich der Inhalt bezieht. Aus dem allgemeinen Begriff Netzneutralität wird so zum Beispiel eine Strafgebühr des Providers, wenn man nicht vorgeschriebene Webseiten besucht. Das Video *Why Net Neutrality Matters*[1] erklärt die Folgen sehr unterhaltsam und konkret. Anschauen lohnt sich, Sie finden den Link in der Fußnote.

In einer Szene erklärt die Verkäuferin eines imaginären Internetproviders einer Kundin, dass für den Zugang zu bisher kostenfreien Angeboten, wie Wikipedia demnächst ein Extrapaket gebucht werden muss. Während das abstrakte Konzept der Netzneutralität nur Experten etwas sagt, ist die Vorstellung der Zahlung einer Zusatzgebühr für bisher frei zugängliche Informationen für jeden Internetnutzer nachvollziehbar und vor allem frustrierend. Netzneutralität bekommt durch den Kontext eine Bedeutung. Es geht also nicht nur um den Inhalt. Es geht um die Bedeutung, die der Inhalt für die Menschen hat. Und für die Bedeutung des Inhaltes stellt das Gehirn zwei einfache Fragen: Hilft oder schadet es mir? Muss ich handeln oder nicht?

Für Unternehmen ist Kontext wichtig, weil er Produkten und Dienstleistungen Bedeutung verleiht. Kunden können den Nutzen besser verstehen, wenn der Kontext klar wird. Stories, die ihre Produkte und Dienstleistungen in Aktion zeigen, können dabei helfen. Experimente haben gezeigt, dass für Produkte, die mit einer Story verbunden werden, deutlich höhere Preise erzielt werden können.

Im Sommer 2006 grübelte Rob Walker, Kolumnist des New York Times Magazine darüber, warum einige Dinge teurer waren als andere. Warum kostet ein Toaster zum Beispiel US$ 30, ein anderer dagegen fast 400, wenn beide letztlich Brot rösten? Walker ging der Frage nach und begann mit einem Freund zusammen

---

[1] CollegeHumor: Why Net Neutrality Matters (And What You Can Do To Help). https://www.youtube.com/watch?v=xjOxNiHUsZw. (12. Mai 2015).

willkürlich billige Produkte für Preise von einem bis zu vier Dollar zu kaufen. Darunter waren ein Holzhammer, ein Hotelzimmerschlüssel und eine Plastikbanane. Danach beauftragte Walker einige unbekannte Autoren, eine Geschichte zu schreiben, in der jeweils eines der Objekte vorkam. Die Geschichten stellten die Produkte in einen menschlichen Kontext und gaben ihnen eine Bedeutung. Walker stellte die Produkte samt Geschichte bei Ebay ein. Der Wert stieg im Schnitt um 2700 %. Ein kaputtes Keramikpferd, das er für $ 1,29 gekauft hatte, erzielte $ 46. Das Projekt wurde fünfmal wiederholt, immer mit ähnlichen Ergebnissen.[2]

Für Führungskräfte und Unternehmer lohnt es sich, nicht nur über den Inhalt ihrer Produkte und Dienstleistungen nachzudenken. Dafür haben sie in der Regel zahlreiche Experten. Sie werden für komplizierte Dinge wie die Programmierung von Software, die Positionierung von Produkten oder die Analyse großer Datenmengen benötigt. Die enorme Zunahme unseres Fachwissens zu allen erdenklichen Themen geht einher mit einem Verlust von Bedeutung. Umso komplizierter alles wird, desto unverständlicher wird es. Deswegen wird es immer wichtiger, den Zusammenhang zu erklären. Weil wir immer mehr Know-how entwickeln, verlieren wir das Verständnis für den Kontext. Wir verlieren das Know-why. Genau das ist eine der wichtigsten Aufgaben von Führungskräften. Stories helfen, dieses Know-why zu kommunizieren, weil Inhalte in einen Zusammenhang gestellt werden.

The man who knows how will always have a job. The man who knows why will always be his boss.
Ralph Waldo Emerson

2.3 Austauschbarkeit nimmt zu

Neben der Bedeutung und dem daraus resultierenden höheren Wert von Produkten und Dienstleistungen gibt es einen weiteren Grund, warum sich vor allem Unternehmen für einen systematischen Umgang mit Stories interessieren sollten. Wir leben in einer Welt, in der es die ausdifferenzierte Arbeitsteilung zusammen mit einer fortschreitenden Automatisierung erlaubt, große Teile der Wertschöpfung auszulagern. Ob in der Textilwirtschaft, bei Angelködern, Luxusuhren oder Smartphones, viele Bestandteile können zu ungefähr gleichen Preisen und in ähnlicher Qualität eingekauft werden. Das Ergebnis ist, dass die Produkte so zu gewöhnlichen, kommmodisierten Waren werden. Kurz gesagt, sie werden austauschbar.

---

[2] Montague, Ty: Höhere Preise dank guter Story. http://www.harvardbusinessmanager.de/blogs/der-hebel-fuer-eine-kraftvolle-preispolitik-a-916458.html. (12. Mai 2015).

Arbeitsteilung und Automatisierung dringen auch immer weiter in den Dienstleistungsbereich vor. Denken Sie nur an die Service-Hotline Ihres Telekommunikationsanbieters und sagen Sie eins, zwei oder drei, um zu hören, dass gerade alle Leitungen besetzt sind.

Die zunehmende Digitalisierung der Wertschöpfung, sei es durch Software as a Service, das Internet der Dinge oder auch 3-D-Drucker, wird die Automatisierung und Arbeitsteilung weiter vorantreiben. Wenn in Zukunft große Teile der Wertschöpfungskette von jedem zu ungefähr gleichen Preisen eingekauft werden können, steigt die Austauschbarkeit von Produkten und Dienstleistungen. Es stellt sich die Frage, wodurch sich die Unternehmen künftig unterscheiden wollen. Was macht die Identität eines Unternehmens dann noch aus? Und vor allem, wie vermitteln Sie diese Identität Ihren Mitarbeitern, Kunden, Gesellschaftern, Investoren oder der Öffentlichkeit? Wer in Zukunft keine gute Story über sein Produkt, seine Dienstleistung oder sein Unternehmen erzählen kann, wird als austauschbar wahrgenommen. Dann findet man sich in einer Abwärtsspirale aus Preiswettbewerb, sinkenden Margen, hohen Rabatten und ständig steigendem Konsolidierungsdruck wieder.

Stories helfen Ihnen, sich zu unterscheiden. Sie stiften nicht nur Identität. Sie sind ein wichtiges Differenzierungsmerkmal und ein Werttreiber für Ihr Unternehmen. Sie können Ihr Unternehmen darüber positionieren, auch wenn sich einzelne Bestandteile Ihres Produktes kaum mehr von denen der Wettbewerber unterscheiden.

2.4 Werkzeug für eine komplexe Zeit

Führungskräfte sehen sich einer steigenden Komplexität, Dynamik und Unsicherheit gegenüber. 83 % der Manager empfinden den Grad an Komplexität im eigenen Unternehmen bereits heute als zu hoch. Gleichzeitig glauben 76 %, dass er noch weiter steigen wird. Die zunehmende Komplexität wird von den Führungskräften als eines der größten Probleme bezeichnet. Sie wächst schneller, als die Unternehmen sich anpassen können. Was bleibt, ist ein Gefühl der Überforderung.[3]

In komplexen Situationen gibt es keine klare Ursachen-Wirkungs-Beziehung. Die gleichen Ursachen führen zu unterschiedlichen Wirkungen. Das macht den Umgang damit so schwierig. Es handelt sich weniger um kausale Probleme, die mit Best-Practice-Verfahren oder Expertenanalysen gelöst werden könnten. Ty-

---

[3] Mastering Complexity, Camelot Management Consultants. 2012

pische komplexe Situationen entstehen, wenn Netzwerke oder Systeme von Entscheidungen betroffen sind.

Vielfach findet man solche komplexen Situationen bei politischen Entscheidungen, aber auch in der Wirtschaft treten sie vermehrt auf. Egal ob man an Infrastrukturprojekte wie den Bau eines Großflughafens denkt, bei dem immer bestimmte Bevölkerungsgruppen benachteiligt werden, oder vor der Reorganisation des Unternehmens steht, bei der es auch zahlreiche Verlierer geben wird. Angesichts der zunehmenden Komplexität der Wertschöpfung wird die Zukunft voll sein mit solchen Entscheidungssituationen, in denen es keine einfachen oder richtigen Lösungen gibt.

Stories haben die Kraft, auch in komplexen Situationen andere von den eigenen Ideen und Konzepten zu überzeugen. Herausragende Führungskräfte, ob in der Politik oder der Wirtschaft, wussten und wissen das. Sie nutzen die Anziehungskraft einer guten Story, um Menschen für ihre Ideen zu begeistern.

Am 25. März 1961 trat Präsident John F. Kennedy vor den Kongress, um die Freigabe für zusätzliche sieben bis neun Milliarden Dollar für die Mondmission zu erhalten. Noch heute sind diese Zahlen beeindruckend, aber damals waren das unvorstellbar hohe Summen. Die USA waren in der bemannten Raumfahrt weit hinter die damalige Sowjetunion zurückgefallen und die NASA benötigte die Investitionen, um den Rückstand aufzuholen. Statt aber über Finanzplanung oder komplizierte Raketentechnik zu reden, verpackte Kennedy das, was er bis zum Ende der Dekade vorhatte, in eine einfache Story. Nachdem er die Situation im Wettstreit mit der Sowjetunion und den Investitionsbedarf der NASA geschildert hatte, forderte er den Kongress auf, die Mittel freizugeben, indem er sagte:

> This nation should commit itself to achieving the goal, before the decade is out, of landing a man on the moon and returning him safely to the earth.

Kennedy rechtfertigte mit seiner inzwischen berühmten Rede nicht nur den Etat für ein milliardenschweres Projekt. Er begeisterte eine ganze Nation für das Rennen um die Eroberung des Weltraums. Ohne die Geschichte mit dem Mann auf dem Mond hätte Kennedy die massiven Kosten der Mondmission wahrscheinlich nicht so einfach durch den Kongress bekommen. Kennedy hat erst gar nicht versucht, die Komplexität der Mondmission darzustellen. Er hat einfach darüber gesprochen, den ersten Menschen auf den Mond zu schicken und ihn sicher wieder zurückzubringen. Er hat die technische Komplexität der Mondmission in eine menschliche Erfahrung verpackt.

Die Wirtschaft ist stärker vernetzt als jemals zuvor. Digitalisierung und Automatisierung verändern die Wertschöpfungsprozesse. Unternehmen agieren in immer komplexeren Systemen. Sie sind nicht nur geprägt von Rationalität und

Fakten, sondern auch von den Beziehungen der einzelnen Akteure innerhalb der Systeme und ihren unterschiedlichen Perspektiven. Die im letzten Jahrhundert entstandenen Lösungsansätze von Best practice und Good practice funktionieren in solch einem Umfeld immer weniger. Dagegen ist die (Wieder-)Entdeckung der Story zum Verständnis komplexer Zusammenhänge eine naheliegende Reaktion. Angesichts steigender Komplexität sind Stories das ideale Werkzeug, um die Zusammenhänge besser zu verstehen. Das versetzt Unternehmen in die Lage, besser mit Komplexität umzugehen. Anders als bei Analysen werden nicht noch mehr Daten und Informationen produziert. Mit Stories finden und nutzen Sie die relevanten Daten und Informationen, stellen sie in einem Zusammenhang dar und machen so ihre Bedeutung verständlich. Bei Stories geht es um die wichtigen Daten und Informationen in einem verständlichen Format.

2.5 Wissen wirksam weitergeben

Immaterielle Wirtschaftsgüter machen laut dem Deutschen Institut für Wirtschaftsforschung heute 80 % des Unternehmenserfolges aus, werden aber nur in zwei Prozent der Unternehmen transparent gemacht und gemanagt. Immaterielle Werte, wie Strategien, Marken, Prozesse, Kultur oder Kundenbeziehungen, sind nur schwer zu fassen und äußerst flüchtiges Wissen. Wenn dieses Wissen so entscheidend für den Unternehmenserfolg ist, wie kann es dann gesichert und übertragen werden?

> Wir wollen eine Umgebung schaffen, die von Würde und gegenseitigem Respekt geprägt ist. Andere behandeln wir so, wie wir selbst behandelt werden wollen. In unserer Zusammenarbeit … sind wir offen, ehrlich und aufrichtig.[4]

Diese Aussage stammt aus dem letzten Jahresbericht, Kapitel „Unsere Werte" des amerikanischen Energiekonzerns ENRON, der durch Bilanzfälschung und Betrug 2002 pleiteging. Offensichtlich ist es ENRON nicht gelungen, diese Werte auch in der täglichen Praxis anzuwenden. Aber wie schafft man das? Wie können die Werte Ihres Unternehmens die tatsächliche Kultur prägen? Wie kann das gewünschte Verhalten dargestellt und verdeutlicht werden? Am besten gelingt das natürlich, wenn Führungskräfte diese Werte in ihrem Alltagsverhalten demonstrieren. Aber was, wenn Sie einen Wandel in Ihrer Unternehmenskultur anstreben, wenn das

---

[4] Renz, Ulrich: Enron oder die Macht der Visionen. http://www.spiegel.de/kultur/gesellschaft/essay-zur-arbeitsethik-enron-oder-die-macht-der-visionen-a-189290.html. (12. Mai 2015).

aktuelle Verhalten eben nicht zu den Beschreibungen auf der Internetseite Ihres Unternehmens passt? Wie vermitteln Sie, was Sie mit respektvoll, offen und aufrichtig meinen?

Stories helfen Ihnen dabei. Stories sind seit jeher das natürliche Format, um Wissen weiterzugeben. Wie die moderne Hirnforschung zeigt, speichert das Gedächtnis Informationen in einer narrativen Struktur. Story ist das Format, wie wir alles, was auf uns einströmt, verarbeiten. Umso eher diese Informationen dem Format einer Story entsprechen, desto geringer ist die Übersetzungsarbeit für unser Gehirn. So merkt es sich Informationen einfacher. Diese Erkenntnis nutzt nicht nur dem Marketing und Vertrieb von Produkten und Dienstleistungen. Sie kann auch für die schwer fassbaren immateriellen Werte eines Unternehmens und für die Übertragung erfolgskritischen Wissens genutzt werden. Wir können abstrakte Inhalte, wie Strategien, Marken oder Prozesse, besser verstehen, wenn sie in Form von Stories als menschliche Erfahrungen vermittelt werden.

Annette Simmons ist eine der ersten Autorinnen, die den Wert von Stories für Unternehmen beschrieben hat. Sie prägte für die Vermittlung von Werten den Begriff der Values in Action Stories. In ihrem Buch „Whoever tells the best story wins" berichtet sie von einer Veranstaltung, auf der ein Navysoldat seine Geschichte erzählte.

> Ich bin in die Navy eingetreten, weil dieses Mädchen, das ich mochte, es auch tat. Natürlich habe ich sie nie wiedergesehen. (Gelächter) Aber das war egal, weil ich die nächsten 14 Jahre die meiste Zeit entweder betrunken oder bekifft war. Vor zwei Jahren habe ich mich dann selbst eingewiesen und an einem Rehaprogramm teilgenommen. Es war meine eigene Entscheidung. Seit zwei Jahren habe ich weder Drogen noch Alkohol angefasst. Während des Entzuges ist mir etwas Entscheidendes klar geworden: Ich HASSE die Navy! (langes Gelächter) In Wirklichkeit kann ich Autorität im Allgemeinen nicht ertragen. Aber ich habe nur noch ein paar Jahre, bis ich mit vollen Versorgungsansprüchen aufhören kann. Sobald ich in den Ruhestand gehe, werde ich mich so weit von diesem Leben entfernen, wie es menschlich möglich ist. Aber bis zu diesem Tag, so lange wie ich hier bin, will ich, dass ihr alle wisst, ihr könnt auf mich zählen. Ich gehe, wohin es mir befohlen wird, bleibe so lange, wie es mir befohlen wird, und ich mache das, was mir befohlen wird.

Stories helfen Ihnen, Informationen so zu verpacken, dass sie die Menschen erreichen. Während wir den Wert des Zugangs zu Informationen systematisch überschätzen, wird der Wert des Zugangs zu Menschen systematisch unterschätzt. In einer Welt, die immer mehr Informationen produziert, wird es immer schwieriger werden, mit den eigenen Informationen durchzudringen. Die Informationen erreichen die Menschen nicht mehr. Führungskräfte verfügen mit Stories über ein ideales Format, um Menschen wirklich zu erreichen. Wenn Wissen einer der zentralen Werttreiber für Unternehmen ist, dann wirken sich Stories positiv auf deren Produktivität aus. Sie geben relevantes Wissen für Ihren Unternehmenserfolg wirksam weiter.

Nehmen wir das Beispiel Markenwerte. Das Verhalten der Mitarbeiter, ihre Arbeit, ihre Entscheidungen prägen die Wahrnehmung der Marke – und nicht umgekehrt. Um ein konsistentes Markenerleben zu erreichen, haben viele Unternehmen Markenwerte eingeführt. Die Mitarbeiter werden über Aushänge in Empfangshallen, Broschüren und Schulungen über die Markenwerte informiert. Auch die Kunden können die Werte auf der Internetseite nachlesen. Aber was wird damit erreicht? Verstehen Mitarbeiter mit Schlagworten wie innovativ, effizient oder kundenorientiert, was sie in ihrer täglichen Arbeit ändern sollen? Erreichen Sie die Mitarbeiter, weil Sie bunte Würfel verteilen, die auf jeder Seite einen Markenwert enthalten?

Geben Sie Ihren Mitarbeitern die Möglichkeit, die Markenwerte zu verstehen, indem Sie diese in Stories verpacken. Wie hat ein Mitarbeiter die Werte durch sein Handeln gelebt? Zeigen Sie es. Erzählen Sie es. Das Gleiche gilt für Themen wie Unternehmensstrategie, Kultur oder Service. Sie werden ihre Mitarbeiter nicht allein mit Hilfe von PowerPoint-Präsentationen, Flussdiagrammen oder Roadmaps von Veränderungen überzeugen können. Für solche Themen brauchen Sie gute Stories.

Die Hotelkette Ritz Carlton nutzt so genannte WOW-Stories, um Kultur und Werte zu verdeutlichen. Mitarbeiter berichten darin, wie sie WOW-Momente für die Kunden der Hotelkette kreiert haben.

Hochzeitsreise, zweimal fotografiert

Ein frisch verheiratetes Paar verbrachte eine wunderschöne Hochzeitsreise in Malaysia. In der letzten Nacht verloren sie ihre Kamera mit all den schönen Fotos. Ihr Butler entschied, die Bilder für das verzweifelte Paar zurückzubringen. Nachdem sie aus dem Hotel ausgecheckt hatten, nahm er seine eigene Kamera und begann, ihre Erlebnisse erneut zu fotografieren. Vom romantischen Sonnenuntergang aus ihrer Suite zu den Besuchen der Patling Street, Chinatowns, des KL Towers und den Bingtang-Promenaden. Er eilte zum Airport und schaffte es noch, dem Ehepaar ihr Hochzeitsalbum zu übergeben.[5]

---

[5] Ritz Carlton: Honeymoon, Take Two. http://www.ritzcarlton.com/en/LetUsStay/Posts/HotelMemories_Kuala_Lumpur.htm (12. Mai 2015)

Der Mitarbeiter mit der besten Story wird jährlich geehrt. Viel wichtiger ist aber, dass es Ritz Carlton so gelingt, ihre Werte immer wieder in Aktion zu zeigen. Die Hotelkette hat es sich zur Aufgabe gemacht, Erinnerungen für ihre Gäste zu schaffen. Ritz Carlton teilt diese Erinnerungen intern in Form von WOW-Stories. Sie teilt die Stories inzwischen aber auch über soziale Medien mit ihren Kunden. Im Rahmen einer Kampagne können diese ihre Erinnerungen beschreiben und teilen. Dafür muss man überzeugt sein, dass die eigenen Werte auch gelebt werden.

2.6 Zusammenfassung

- Stories verwandeln abstrakte Fakten in konkrete Erfahrungen und helfen so, den Nutzen von Produkten und Dienstleistungen besser darzustellen.
- Sie können sich durch Stories auch in Märkten mit hoher Austauschbarkeit unterscheiden.
- Stories sind das ideale Werkzeug für das Management komplexer Situationen, weil sie komplizierte Themen in ein verständliches Format übersetzen.
- Wissen gilt als der wichtigste Erfolgsfaktor von Unternehmen. Das Format der Story eignet sich besonders für die Sicherung und Vermittlung des relevanten Wissens für den Unternehmenserfolg.
- Mit Stories können Sie abstrakte Konzepte, Werte und Ideen so vermitteln, dass sie von Ihren Mitarbeitern verstanden werden. Das stärkt die Identifikation mit dem Unternehmen und unterstützt die Umsetzung von Strategien.

Das ist eine Story 3

3.1 Definition für Unternehmen

Der Begriff Story wird in zahlreichen Zusammenhängen verwendet. Journalisten, Schriftsteller, Drehbuchautoren, Lehrer und Politiker benutzen Stories in den verschiedensten Formen. Auch in der Wirtschaftswelt finden wir den Begriff immer öfter. Aber was genau ist eigentlich eine Story? Was macht eine Story aus? Woraus besteht sie?

Niemand erwartet von Führungskräften, dass sie einen Klassiker wie *Krieg und Frieden* verfassen oder das Drehbuch für die nächste *Batman*-Verfilmung schreiben. Trotzdem ist es hilfreich, sich mit einigen Grundkenntnissen zum Thema Story auszustatten. Denn nicht alles, was erzählt wird, ist eine Story und nicht jede Story hilft Führungskräften. Ebenso wie es die verschiedensten Formen und Einsatzgebiete von Stories gibt, existieren auch zahlreiche Definitionen.

Da Sie wahrscheinlich weder Journalist noch Filmproduzent sind, nehmen wir für dieses Buch den Anwendungsbereich im Unternehmen in den Blick. Dafür werden wir drei unterschiedliche Definitionen verwenden: die des Philosophen Aristoteles, die der Autorin und Dozentin Lisa Cron und die der ehemaligen Unternehmensberaterin Barbara Minto. Alle drei bilden eine hervorragende Grundlage, damit Sie ein besseres Verständnis des Storybegriffs für den Einsatz in Unternehmen erhalten. Sie verfügen am Ende des dritten Kapitels über eine klare Definition von Story. Dafür werden Sie lernen,

- was eine Story ausmacht,
- worauf es für Stories in Unternehmen ankommt,
- was eine Storyline ist,
- welche Funktion eine Storyline hat.

© Springer Fachmedien Wiesbaden 2015
T. Rödiger, *On Story*, essentials, DOI 10.1007/978-3-658-09882-7_3

3.2   Die Bestandteile einer Story

Aristoteles

Aristoteles hat als Erster beschrieben, was eine Story ausmacht. Im Gegensatz zu einem Thema hat sie eine Handlung. Hauptmerkmal der Handlung ist für Aristoteles, dass sie Anfang, Mitte und Ende hat. Ein Anfang sei, „was selbst nicht mit Notwendigkeit auf etwas anderes folgt, nach dem jedoch natürlicherweise etwas anderes eintritt oder entsteht"; Mitte sei, „was sowohl selbst auf etwas anderes folgt als auch etwas anderes nach sich zieht"; ein Ende sei, „was selbst natürlicherweise auf etwas anderes folgt, und zwar notwendigerweise oder in der Regel (also höchstwahrscheinlich), während nach ihm nichts anderes mehr eintritt".[1]

Nehmen wir die Geschichte unseres Navysoldaten. Sein Eintritt in die Navy stellt den Anfang der Handlung dar. In der Mitte erzählt er, dass er nach langem Drogen- und Alkoholkonsum eine Reha gemacht hat. Er gelangt zu der Erkenntnis, dass er und die Navy nicht zusammenpassen. Sowohl der Drogen- und Alkoholkonsum als auch die Reha und seine Erkenntnis sind notwendige Folge seines Eintritts in die Navy. Am Ende stellt der Navysoldat klar, dass er trotz seiner Erkenntnis seinen Dienst pflichtbewusst bis zum letzten Tag leisten will. Danach will er mit der Navy nichts mehr zu tun haben. Diese Absicht folgt aus seiner Erkenntnis und ist gleichzeitig das Ende der Handlung.

Handlungen dürfen nach Aristoteles „nicht an beliebiger Stelle einsetzen noch an beliebiger Stelle enden". Anfang und Ende werden bewusst gewählt. Eine Story hat aber nicht nur einen klaren Anfang und ein klares Ende. Aus dem Anfang ergibt sich der Mittelteil, der zum Schluss führt. Es gibt einen roten Faden, der die Handlung bestimmt, indem er vom Anfang zum Ende hinführt. Ein Geheimnis der Wirkung von Stories ist es, dass der Erzähler den Anfang bewusst wählt und das Ende kennt. Er weiß, worauf die Story hinausläuft. Er kann sie zielgerichtet, auf das Ende hin erzählen. Das ist sein Vorteil gegenüber den Zuhörern. Er kann sie auf eine Reise vom Anfang bis zum Ende der Geschichte mitnehmen und so seine Sicht der Dinge, in Erfahrungen verpackt, vermitteln.

Lisa Cron

Lisa Cron berät seit Jahren erfolgreich Schriftsteller, Organisationen und Unternehmen zum Einsatz von Stories. In ihrem Buch „Wired for Story" ist es ihr gelun-

---

[1] Aristoteles. Poetik, übers. M. Fuhrmann, 1976.

gen, den Begriff Story in einem einzigen Satz zu definieren. Story ist danach, wie das, was passiert, jemanden beeinflusst und was er oder sie daraufhin macht. Eine Story hat also einen Protagonisten (jemand), der auf ein Ereignis reagiert und sich dadurch verändert. Im Beispiel führt der Eintritt des Soldaten (Protagonist) in die Navy nach Drogen- und Alkoholkonsum und nachfolgender Reha zur Erkenntnis, dass er und die Navy nicht zusammenpassen (Ereignis), und der Absicht, seinen Dienst bis zum Ende seiner Dienstzeit pflichtbewusst auszuführen, um danach mit den Versorgungsansprüchen ein komplett anderes Leben zu führen (Veränderung).

Ihre Definition stellt den Protagonisten in den Mittelpunkt. Er ist der entscheidende Treiber der Handlung. Für Lisa Cron ist es wichtig, dass sich der Leser mit dem Protagonisten identifiziert. Dann erlebt er die Story mit. Untersuchungen des menschlichen Gehirns zeigen die gleichen Hirnaktivitäten, egal ob wir eine Handlung selber ausführen oder ihr im Rahmen einer Story folgen. Für einen erfolgreichen Einsatz von Stories ist es entscheidend, dass eine Identifikation mit dem Protagonisten stattfindet. Dann berührt sie die Menschen. Achten Sie also darauf, dass Ihre Stories einen Protagonisten haben. Sorgen Sie dafür, dass er erkennbar ist und ein persönlicher Bezug hergestellt werden kann. Erzählen Sie zum Beispiel die Story von einem Kunden, der Ihre Produkte verwendet und welchen Nutzen er davon hat, statt Produkteigenschaften oder technische Details aufzuzählen. Wenn Sie über die Innovationskultur Ihres Unternehmens reden wollen, sprechen Sie von einem Mitarbeiter, der etwas Besonderes erreicht hat und wie er dabei vorgegangen ist, anstatt allgemein die Notwendigkeit von Innovationen zu betonen.

In der Definition von Aristoteles gibt es eine Handlung, die zu einem Ende hinführt. Bezogen auf den Protagonisten heißt das, er hat ein Ziel, er verfolgt einen Zweck. Ein Protagonist ohne Ziel erzeugt auch keine Handlung. Ein Kunde ohne Bedarf braucht auch kein Produkt. Ein Mitarbeiter ohne Ziele oder Wünsche hat keinen Grund zu arbeiten, erst recht nicht erfolgreich im Sinne Ihres Unternehmens. Erst der Zusammenhang von Protagonist und seinem Ziel führt zur Handlung. Erst nachdem der Navysoldat in unserem Beispiel erklärt hat, sich nach seinem Dienstende so weit wie möglich von der Navy zu entfernen, verstehen wir, warum er in der Lage ist, seinen Dienst, anders als bisher, bis zum Ende pflichtbewusst zu erfüllen. Er hat ein Ziel.

Die Identifikation mit dem Protagonisten erfüllt eine weitere wichtige Funktion. Sie zeigt Möglichkeiten auf, wie mit komplexen Situationen umgegangen werden kann, gerade wenn es kein eindeutiges Richtig oder Falsch gibt. Mit einer Story können wir zukünftige Situationen simulieren und unterschiedliche Szenarien durchspielen, nicht in Form von abstrakten Modellen, sondern als konkrete menschliche Erfahrungen. Das erlaubt es, Handlungsmuster zu erkennen und aufzudecken, wie es in komplexen Situationen erforderlich ist.

Barbara Minto

Barbare Minto entwickelte als Beraterin von McKinsey in den neunziger Jahren des letzten Jahrhunderts das Pyramidenprinzip zum Aufbau von klar strukturierten Dokumenten. In einem Kapitel befasst sie sich mit Einleitungen. Sie sollen wie eine Story aufgebaut sein, weil es der einfachste Weg ist, um die Aufmerksamkeit des Lesers zu erhalten.[2]

Nach Minto beginnt eine Einleitung mit einer Situation, aus der eine Komplikation entsteht, die zu einer Kernfrage führt, worauf der Inhalt des Dokumentes die Antwort gibt. Dieses SCQ-Framework (Situation-Complication-Question) lässt sich ebenfalls auf die Story des Navysoldaten übertragen. Die Situation ist der Eintritt in die Navy. Die daraus entstehende Komplikation ist die Einsicht des Soldaten, dass er und die Navy nicht zusammenpassen. Das führt zu der Kernfrage, wie der Soldat damit umgehen soll. Er entschließt sich, seinen Dienst pflichtbewusst zu beenden, um danach ein anderes Leben führen zu können. Laut Minto sind die Einleitung und die damit verbundene Story der wichtigste Teil eines jeden Dokumentes. Drei Viertel der Zeit zur Erstellung eines Dokumentes sollten ihrer Meinung nach für die Einleitung verwendet werden. Ist die Einleitung gut, funktioniert der Rest von allein. Das unterstreicht einmal mehr, wie wichtig es ist, einen Kontext für den dann folgenden Inhalt oder Content herzustellen, damit dieser eine Bedeutung erhält. Die Navygeschichte erfüllt alle drei genannten Definitionen einer Story. Werden die Ansätze von Aristoteles, Cron und Minto zusammengeführt, ergeben sich folgende Bestandteile.

Am Anfang steht eine Situation, die nicht weiter erklärungsbedürftig ist. Daraus erwächst eine Komplikation für den Protagonisten der Story, auf die er reagieren muss. In der Folge durchläuft er einen Wandel, der ihn verändert.

Es gibt weitergehende Definitionen von Story, die insbesondere für Schriftsteller, Journalisten und Drehbuchautoren wichtig sind. Ein sehr bekanntes Beispiel ist die Heldenreise, die vom amerikanischen Mythenforscher Joseph Campbell eingeführt wurde. Sie hat unter anderem den Autor und Filmproduzenten George Lucas zur *Starwars*-Trilogie inspiriert. Die Unterhaltungsindustrie erfindet immer wieder neue, überraschende Storyformate. Sofern Sie aber nicht die nächste Weltraumsaga schreiben wollen, reichen die Bestandteile aus, die sich aus den drei Definitionen von Aristoteles, Cron und Minto ergeben. Die Definition dient Ihnen gleichzeitig als Storytest. Wenn Sie die vier Bestandteile *Situation, Komplikation, Reaktion* des Protagonisten und *Veränderung* nicht identifizieren können, dann haben Sie wahrscheinlich auch keine Story zu erzählen.

---

[2] vgl. Minto, Das Prinzip der Pyramide 2005.

3.3   Die Funktion der Storyline

Nachdem nun klar ist, was wir unter einer Story für den Einsatz in Unternehmen verstehen, können wir uns einem weiteren wichtigen Element, der Storyline, widmen.

Der amerikanische Autor Kurt Vonnegut erklärte in seinem Vortrag „The Shapes of Story"[3] den Aufbau einer Storyline. Stories haben mit Anfang, Mitte und Ende eine zeitliche Dimension. Die Handlung wird als eine Abfolge von Ereignissen beschrieben. Eine Story ordnet Ereignisse also in eine zeitliche Abfolge, wodurch man ihr gut folgen kann. Neben der zeitlichen Achse gibt es für den Protagonisten auch einen emotionalen Zustand, der von total glücklich bis total unglücklich reichen kann. Im Zeitverlauf einer Story verändert sich der emotionale Zustand des Protagonisten entlang dieser emotionalen Achse. Die aus beiden Achsen resultierende Kurve ist die Storyline.

Die bekannteste Storyline ist laut Vonnegut „Man in Hole". Sie muss nicht zwangsläufig von einem Mann handeln, der in ein Loch fällt. Der Name bezeichnet den Verlauf der Kurve. Die Story beginnt mit einer typischen Situation. In dieser Situation taucht ein Problem auf. Der Protagonist der Story reagiert auf das Problem. Dadurch verändert sich sein Leben, in der Regel zum Besseren. Eine Storyline ist also eine Abfolge von Ereignissen, die mit einem emotionalen Zustand des Protagonisten verbunden sind oder anders ausgedrückt der Spannungsbogen.

Dabei muss der Protagonist nicht immer eine Person sein. Soll der Wandel eines Unternehmens für Mitarbeiter oder Investoren aufgezeigt werden, kann auch das Unternehmen selbst den Protagonisten darstellen. Wenn das Unternehmen zum Beispiel nach vielen guten Jahren durch den Eintritt eines neuen Wettbewerbers plötzlich mit dem Rücken zur Wand stand und durch ein neues Produkt den Turnaround geschafft hat, ist das ein typischer dramatischer Handlungsverlauf. Unternehmen wie Apple, IBM oder Opel haben ähnliche Handlungsverläufe erlebt. Idealerweise ist der Protagonist aber ein Mensch, zum Beispiel der Gründer eines Unternehmens, ein Vorstand, der den erfolgreichen Wandel des Unternehmens geprägt hat oder ein Mitarbeiter, der mit einer Erfindung eine neue Entwicklungsstufe eingeläutet hat. Bei Storylines handelt es sich um unterschiedliche emotionale Zustände im Zeitablauf. Diese können mit Menschen als Protagonisten besser beschrieben werden. Menschen können sich stärker mit Menschen identifizieren als mit abstrakten Konstruktionen, wie Unternehmen sie nun einmal sind.

Storylines helfen, die Entwicklung von Stories zu systematisieren. Sie ordnen Inhalte in einer zeitlichen Abfolge. Durch die unterschiedlichen emotionalen Zustände

---

[3] Kurt Vonnegut on the Shapes of Stories. https://www.youtube.com/watch?v=oP3c1h8v2ZQ. (12. Mai 2015).

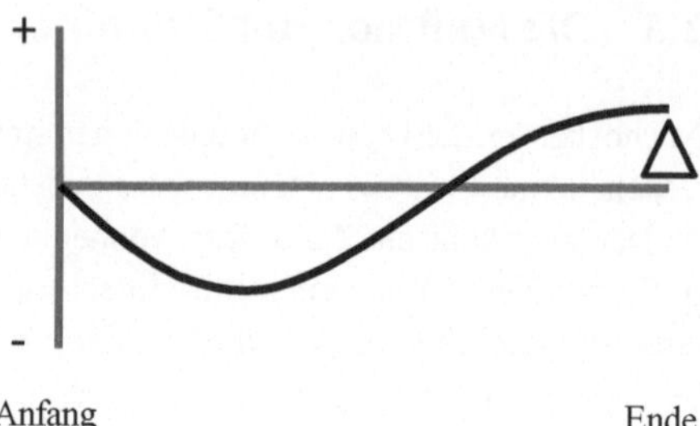

Abb. 3.1 klassische Storyline

im Zeitablauf entsteht ein Spannungsbogen. Genau das ist es, was im Wirtschaftsumfeld so oft fehlt. Wie viele Präsentationen mussten Sie in Ihrem Leben schon über sich ergehen lassen, ohne dass ein roter Faden erkennbar war, ohne dass der Vortrag eine Richtung hatte und ohne dass es einen erkennbaren Spannungsbogen gab.

Unsere Definition einer Story beinhaltet durch die Reihenfolge der Bestandteile *Situation, Komplikation, Reaktion und Veränderung* bereits einen Spannungsbogen. Er gleicht der von Vonnegut beschriebenen klassischen Storyline „Man in Hole". Die aus einer Situation entstehende Komplikation stellt das „Loch" dar, aus dem der Protagonist durch seine Reaktion herausfindet. Aufgrund der Reaktion tritt eine Veränderung ein. Die Differenz zur Ausgangssituation wird als Story in eine menschliche Erfahrung mit zeitlich geordneten Ereignissen verpackt und damit verständlich dargestellt. Abbildung 3.1 zeigt den typischen Verlauf einer Storyline.

„Kennt ihr schon die Geschichte von …", „Heute ist mir was passiert …", „Sie müssen sich vorstellen, ich war …": Wenn Sie das nächste Mal diese Satzanfänge hören, achten Sie darauf, was passiert. Menschen sind auf Stories konditioniert. Sie geben seit tausenden von Jahren so wichtiges Wissen weiter. Sobald Sie beginnen, eine Story zu erzählen, ist Ihnen die Aufmerksamkeit Ihrer Umgebung sicher. Eine Storyline sorgt dafür, dass das über die gesamte Story so bleibt. Sie sichert Ihnen Aufmerksamkeit.

3.4 Zusammenfassung

- Eine Story hat eine Handlung zu einem bestimmten Thema. Sie besteht aus Anfang, Mitte und Ende.
- Ein Protagonist steht vor einer Herausforderung, auf die er reagiert und sich dadurch verändert.
- Storylines stellen unterschiedliche emotionale Zustände des Protagonisten im Zeitverlauf dar.
- Sie helfen, Inhalte zu ordnen und einen Spannungsbogen zu erzeugen und sichern damit Aufmerksamkeit.

Stories für Führungskräfte 4

4.1 Der MORE-Ansatz

Wie wir gesehen haben, brauchen Führungskräfte künftig aus mehreren Gründen gute Stories. Weil die Bedeutung der Zusammenhänge im Informationszeitalter ein knappes Gut ist. Weil es schwerer wird, sich zu unterscheiden. Weil die Wertschöpfung komplexer wird. Und weil Sie spezifisches Wissen für den Unternehmenserfolg weitergeben müssen. Ein weiterer wichtiger Grund wird oft übersehen. Es ist die einfache Tatsache, dass die meisten Mitarbeiter die Strategien ihrer Unternehmen schlichtweg nicht kennen. Bei einer Umfrage unter 450 Unternehmen gaben 80 % der Führungskräfte an, sie glauben nicht, dass ihre Mitarbeiter die eigene Unternehmensstrategie verstehen.[1] Dieser beeindruckend schlechte Wert zeigt, dass viele Unternehmen ein Problem bei der Umsetzung ihrer Strategien haben.

Aber wie können Stories dabei helfen? Welche Stories brauchen Führungskräfte, wie viele und für wen? Dieses Buch kann dafür nicht alle Antworten liefern. Es können sich auch nicht alle Stories, die Führungskräfte brauchen, zwischen diesen beiden Buchdeckeln befinden. Aber dieses Buch hilft Ihnen, das Problem zu strukturieren. Wie? Mit einem einfachen Wort, dass Sie sich gut merken können: Dieses Wort heißt MORE.

Der MORE-Ansatz ist das verbindende Element zwischen der Strategie Ihres Unternehmens und der Umsetzung. Jeder Buchstabe steht für eine Story. Das M steht für Mission, den Auftrag Ihres Unternehmens. Also *was* soll erreicht werden. Das O steht für Offer, das Angebot. Es zeigt, *wie* die Mission erreicht werden soll. Das R steht für Relevance, die Bedeutung Ihres Angebotes. Also *warum* soll etwas

---

[1] Vanson Bourne: The link between strategic alignment and staff productivity: A survey of decision-makers in enterprise organisations. http://www.successfactors.co.uk/resources/resource-item/the-link-between-strategic-alignment-and-staff-productivity. (2011)

© Springer Fachmedien Wiesbaden 2015
T. Rödiger, *On Story*, essentials, DOI 10.1007/978-3-658-09882-7_4

erreicht werden. Und das E steht für Ethics. Also welche Werte und Regeln gelten für Ihr Unternehmen. Aus *Mission*, *Offer*, *Relevance* und *Ethics* ergibt sich ein Rahmen für die Umsetzung der Strategie Ihres Unternehmens. Wenn Sie mit Hilfe von guten Stories erzählen können, *was* Sie *wie* und *warum* erreichen wollen und *welche* Werte für Sie wichtig sind, können Sie Ihre Strategie nachvollziehbar darlegen. Sie kann verstanden werden, weil der Zusammenhang klar wird. Genau das ist es, was viele Kunden, Mitarbeiter und Investoren vermissen. Wenn Sie dafür einfache und gute Stories haben, sind Sie den meisten Unternehmen weit voraus.

Im letzten Jahr war der Ansatz Ausgangspunkt für den Aufbau der Marke Lieblingsköder. Das Unternehmen entwickelt, produziert und vermarktet Angelköder. Es hat sich innerhalb weniger Monate in einem umkämpften Markt behauptet. Er ist geprägt von einer hohen Austauschbarkeit der Produkte. Alle Hersteller verwenden ähnliche Formen, Farben, Größen und Materialien. Die Sortimente sind vergleichbar. In der Folge herrschen Verdrängungswettbewerb und Preisdruck. Die Attraktivität der Branche ist gering, ebenso die Markteintrittsbarrieren und die Profitmargen. Lieblingsköder wächst dennoch überdurchschnittlich und gleichzeitig profitabel. Der Inhaber von Lieblingsköder, Jens Puhle, führt den Erfolg im Wesentlichen auf den konsequenten Einsatz des MORE-Ansatzes bei der Umsetzung seiner Strategie zurück.

Bevor es an die Umsetzung gehen konnte, musste zunächst eine Strategie entwickelt werden. Die Strategie von Lieblingsköder beantwortet drei einfache Fragen, die jedes Unternehmen bei der Strategiearbeit beantworten sollte. Die erste Frage heißt: Wo will das Unternehmen tätig sein? Dafür ist es notwendig, den Markt abzugrenzen. Die zweite Frage lautet: Wie will das Unternehmen gewinnen? Also welche Zielgruppe soll mit welchem Nutzenversprechen erreicht werden? Die dritte Frage lautet: Welche Fähigkeiten braucht das Unternehmen dafür?

Lieblingsköder ist in den Markt für Angelköder eingestiegen. Anders als andere Hersteller sollte es für die Angler nicht nur ein bestimmtes Angebot an Ködern geben, sondern zusätzlich eine Methode zur richtigen Köderauswahl. Zielgruppe waren insbesondere Anfänger beim Angeln auf Zander. Diese Raubfische gelten als besonders schwierig zu fangen. Das Nutzenversprechen von Lieblingsköder war klar definiert. *Lieblingsköder macht das Zanderangeln einfach.* Ziel ist es, den Fangerfolg systematisch zu erhöhen und so zu den Lieblingsködern der Angler zu gehören. Für diese Strategie mussten nicht nur Köder hergestellt und verkauft werden. Lieblingsköder musste auch eine Methode zur richtigen Köderauswahl entwickeln und vermarkten.

An diesem Punkt war die Strategiearbeit aber noch nicht zu Ende. Jens Puhle entwickelte für Lieblingsköder zusätzlich noch die vier Stories nach dem MORE-Ansatz. Es gab also nicht nur eine Strategie. Der Einsatz der Stories erlaubte es, die Strategie auch allen Beteiligten zu erklären. Mitarbeiter, Besitzer von Angelläden, Betreiber von Angelblogs, Journalisten und natürlich die Angler konnten die Strategie so nachvollziehen. Diese Verständlichkeit hat maßgeblich dazu beigetragen, die Marke in kürzester Zeit erfolgreich aufzubauen.

Anders als sonst üblich, wurde nicht am Ende der Wertschöpfungskette, also nach der Entwicklung und Produktion, eine Story für Marketing und Vertrieb entwickelt. Die Stories kamen zuerst. Dadurch gab es eine Leitlinie in Form von Stories für die Umsetzung der Strategie. Wenn alle wichtigen Entscheidungen daraufhin überprüft werden, ob sie zu den vier Stories passen, dann zahlen auch alle Aktivitäten des Unternehmens auf diese Stories ein, sei es die Entwicklung der Köder, ihre Namensgebung, der Aufbau des Händlernetzes oder der Markenauftritt. Es ergibt sich ein konsistentes Gesamtbild „on story". Dadurch wird genau das erreicht, was so viele Unternehmen suchen, Authentizität. Deswegen genießt Lieblingsköder trotz der kurzen Zeit am Markt in der Anglergemeinde inzwischen Kultstatus. Das Unternehmen hat nicht nur eine hohe Marktdurchdringung, sondern auch eine ständig wachsende Fangemeinde. Der MORE-Ansatz bietet Lieblingsköder auch weiterhin Orientierung. Inzwischen liegen zahlreiche Kooperationsangebote und Anfragen von Investoren vor. Sie können anhand der vier Stories bewertet werden. Das Unternehmen kann so zielgerichtet wachsen, ohne seine Identität zu verlieren.

Wir nutzen den Aufbau des Unternehmens Lieblingsköder, um den MORE-Ansatz in der praktischen Anwendung zu zeigen. Dabei werden wir Schritt für Schritt vorgehen. Zu jeder Story erfahren Sie Hintergrund und Einsatzbereiche. Anschließend folgt ein Praxisbeispiel von Lieblingsköder. In diesem Kapital lernen Sie die vier Stories kennen, die Sie als Führungskraft benötigen, um:

- Ihren Mitarbeitern und Kunden die Mission des Unternehmens zu verdeutlichen.
- Ihren Kunden zu erklären, warum Ihre Produkte und Dienstleistungen für sie wichtig sind.
- Ihren Kunden, aber auch den Medien, Investoren und der Öffentlichkeit zu erklären, warum es wichtig ist, dass es Ihr Unternehmen gibt.
- deutlich zu machen, welche Werte Ihnen wichtig sind und wie sie umgesetzt werden sollen.

4.2 Die Mission-Story

Was ist Ihre Mission?

Die Mission soll den Auftrag eines Unternehmens erklären. Was will das Unternehmen erreichen? Um die Mission zu beschreiben, werden vielfach Mission-Statements verwendet.

Zukunftsfähigkeit sichern
Es ist unser Ziel, wirtschaftlich erfolgreich und international wettbewerbsfähig zu sein, um für Aktionäre, Kunden, Mitarbeiter und die Allgemeinheit Mehrwert zu generieren.
Dabei handeln wir gerade auch im Kerngeschäft nach hohen ökologischen und gesellschaftlichen Maßstäben. So fördern wir eine nachhaltige Marktwirtschaft.

Alles klar? Nein? Das ist auch kein Wunder. Mission-Statements sind meistens so allgemein gehalten, dass sie für jedes beliebige Unternehmen gelten könnten. Weil sie allgemein und damit bedeutungslos sind, interessiert sich in der Regel niemand dafür. Auch nicht die Mitarbeiter, für die sie hauptsächlich gedacht sind. Das Beispiel ist ein Original Mission-Statement. Es stammt von der Internetseite der Deutschen Bank.

Mission-Stories können helfen, die Aufgabe des Unternehmens zu veranschaulichen, indem sie von Erfahrungen berichten und nicht nur allgemeine Phrasen aneinanderreihen. Sie verbinden die Tätigkeit und Erfahrungen des Einzelnen mit dem Auftrag des Unternehmens und stellen so einen Kontext her. So wie das Beispiel vom Managementvordenker Peter Drucker über den Bau des Kölner Doms.

Beim Bau des Kölner Doms wurden drei Steinmetze nach ihrer Arbeit gefragt.
Der Erste saß und schlug Quader zurecht: „Was machst du da?" – „Ich haue Steine!"
Der Zweite meißelte an der Rundung einer Säule. „Was machst du da?" -„Ich verdiene Geld für meine Familie!"
Der Dritte verzierte gerade ein Stück des Portals. „Was machst du da?" -„Ich baue am Dom!"

Vermeiden Sie allgemeine Phrasen. Nutzen Sie die Kraft guter Stories, um Ihre Mission verständlich zu erklären. Wenn Ihre Mitarbeiter gefragt werden, in welchem Unternehmen sie arbeiten und was das Unternehmen macht, welche Story sollen sie dann erzählen? Genau das ist Ihre Mission-Story.

Das Beispiel: die Mission-Story von Lieblingsköder

Jens von Lieblingsköder gründete das Unternehmen eineinhalb Jahre vor seinem Markteintritt. Sein Erfahrungsbericht „Der lange Weg zum ersten Zander" erklärt, warum der begeisterte Angler fast am Zanderangeln verzweifelte und wie er darauf reagiert hat.

Der lange Weg zum ersten Zander – Ein Rückblick von Jens von Lieblingsköder
Als ich mit dem Zanderangeln angefangen habe, war es alles andere als einfach. Viele kennen das ja, man geht als Einsteiger in den Angelladen, wählt etwas aus dem rie-

sigen Sortiment an Kunstködern und Gummifischen und läuft am Ende mit 20 verschiedenen Ködern in 10 verschiedenen Farben und Größen ans Wasser. Bleibt der Fangerfolg dann aus, wird der Köder gewechselt und gewechselt und gewechselt. So war es auch bei mir. Bloß die Zander, die ließen auf sich warten. Nach unzähligen erfolglosen Versuchen wollte ich schon aufgeben. Aber die Vorstellung, endlich einen Zander in den Händen zu halten, ließ mich nicht mehr los. Nach all den Rückschlägen entschied ich mich, mein Glück in professionelle Hände zu legen.
Ich begab mich auf eine Reise mit Angelguides, um die Geheimnisse des Zanderangelns zu lüften.
Eines Tages war ich mit einem Guide an der Elbe in Dessau unterwegs. Und nachdem wir dreimal die Stelle gewechselt hatten, hing plötzlich mein erster Zander an der Angel! Und wenig später gleich noch einer. Wie ihr euch vorstellen könnt, war ich überglücklich und fasziniert. Das Eis war gebrochen, so sollte es weitergehen.
Die folgenden Wochen nach der Angeltour verliefen sehr schleppend. Denn kaum war ich am Wasser wieder auf mich allein gestellt, beschäftigte ich mich nur noch mit der Frage: Welche Köderfarbe und welchen Gummifisch soll ich verwenden? Ich hatte mal immer noch mehr als 100 verschiedene Köder in der Box und war einfach überfordert. Dabei kam ich auf eine einfache, aber wichtige Frage: Wie lässt sich die Köderwahl systematisieren, damit ich mich mehr auf die richtige Angelstelle und andere Faktoren konzentrieren kann?

Zander gelten als schwer zu fangende Raubfische. Zahlreiche Faktoren müssen beachtet werden. Wetter, Wassertrübung, Angelstelle, Köderwahl, Luftdruck, Mondphasen und Köderführung sind nur einige Variablen, die den Fangerfolg bestimmen. Die klassische Reaktion auf Misserfolge beim Angeln ist der Austausch des Köders. Das Köderangebot ist unüberschaubar und Anfänger sind schnell überfordert. Aus dieser Ausgangssituation entsteht die Mission von Lieblingsköder. Lieblingsköder entwickelt ein System für die Köderauswahl, um mit dem richtigen Köder die Fangwahrscheinlichkeit zu erhöhen. Lieblingsköder verkauft also nicht nur Angelköder, sondern Unterstützung bei der richtigen Köderauswahl für einen besseren Fangerfolg.

Schauen wir uns die als Erfahrungsbericht verpackte Mission-Story auf Basis unserer Definition genauer an. Der Protagonist der Story ist der Inhaber Jens von Lieblingsköder. Er ist Anfänger beim Angeln von Zandern (Situation). Er stattet sich mit reichlich Ködern aus und geht ans Wasser. Dort wechselt er ständig die Köder, Zander fängt er aber nicht (Komplikation). Er nimmt sich einen professionellen Angelguide und fängt seinen ersten Zander (Reaktion). Angespornt durch diesen Erfolg will er ein System zur Köderauswahl mit passenden Ködern entwickeln und so die Fangwahrscheinlichkeit erhöhen. So kann sich der Angler auf das Angeln konzentrieren. Damit hilft er sich und anderen Anglern, den Fangerfolg systematisch zu erhöhen (Veränderung).

Lieblingsköder unterscheidet sich durch diese Mission-Story von anderen Köderherstellern. Lieblingsköder stellt nicht nur Angelköder her. Das Unternehmen setzt an einem konkreten Problem an, das jeder kennt, der mit dem Zanderangeln beginnt: Unsicherheit und Überforderung bei der Köderauswahl. Die Mission-Story zeigt, dass Lieblingsköder die Probleme seiner Kunden kennt und geeignete Lösungen dafür entwickeln will. Würde man einen Mitarbeiter von Lieblingsköder fragen, wo er arbeitet und was das Unternehmen macht, könnte er antworten: *Wir wollen das Zanderfangen vereinfachen.* Das ist zwar ein klares Mission Statement, aber erst die Story dazu macht das Statement verständlich.

4.3   Die Offer-Story

Wie wollen Sie Ihre Kunden überzeugen?

Die Offer-Story erklärt, wie die Aufgabe Ihres Unternehmens erreicht werden soll. Für Kunden ist es nicht so wichtig, welche tollen Eigenschaften Ihr Produkt oder Ihre Dienstleistung hat. Viel relevanter ist es, wie Sie mit Ihren Produkten und Dienstleistungen die Probleme der Kunden lösen wollen. Um Missverständnissen vorzubeugen: Mit der Offer-Story ist nicht die Verkaufsstory gemeint, wie sie im Marketing und Vertrieb häufig eingesetzt wird. Verkaufsstories werden am Ende der Wertschöpfungskette entwickelt, um den Abverkauf zu erhöhen oder einen hohen Preis zu rechtfertigen. Eine gute Verkaufsstory kann zum Beispiel aus einer No-Name-Nudelpackung für 39 Cent bei identischen Inhaltsstoffen eine original italienische Pasta mit ausgewählten Zutaten für 1,39 € machen.

Nutzen Sie die Offer-Story im Gegensatz dazu als Ausgangspunkt für die Entwicklung Ihres Angebotes. Gehen Sie vom Problem des Kunden aus und entwickeln Sie Ihr Angebot danach. Es fällt deutlich leichter, auf Basis einer guten Offer-Story Angebote zu entwickeln. Dadurch haben Sie den Nutzer Ihres Angebotes ständig vor Augen. Sie können so besser entscheiden, wie Sie Ihren Kunden helfen wollen, was Sie dafür brauchen und vor allem was nicht. Sie haben den Kontext der Anwender im Blick.

Vergleichbar damit sind User-Stories. Sie werden im Rahmen der Agilen Softwareentwicklung genutzt, um den Anwender und seinen Nutzen bei der Programmierung im Blick zu behalten. Die User-Stories sind der Ausgangspunkt. Projekte beginnen mit der Entwicklung der User-Stories, erst dann wird programmiert. Sie sichern, dass die Programme für die Anwender verständlich, einfach und nützlich sind.

Der Protagonist der Offer-Story ist kein Produkt oder Unternehmen. Es ist der Kunde, dessen Leben Sie mit Ihrem Angebot verbessern wollen. Im Mittelpunkt steht die Frage, welches Problem er hat und wie es gelöst wird. Ihr Angebot, ein Produkt oder eine Dienstleistung, helfen dabei, das Problem zu lösen. Wenn Sie über einen Kunden reden, statt über Ihr Produkt, lässt sich auch viel einfacher eine Story dazu entwickeln. Sie können ihn in einer Situation zeigen, aus der eine Komplikation erwächst, auf die er reagiert, indem er Ihr Produkt oder Ihre Dienstleistung nutzt und dadurch eine Veränderung eintritt.

Dieses Vorgehen bietet noch einen weiteren Vorteil. Gerade bei neuen Produkten oder Dienstleistungen stellt sich die Frage, wie Sie es schaffen, dass ihre potenziellen Kunden über Ihr Angebot reden. Nun, geben Sie ihnen einfach etwas, worüber sie reden können: Stories. Menschen teilen Inhalte gern im Storyformat. Gute Stories machen den, der sie erzählt, interessant. Mit einer guten Offer-Story können Sie sich diesen Umstand zu Nutze machen. So können Sie Stories gezielt für die Mundpropaganda Ihrer Produkte und Dienstleistungen nutzen. Eine gute Offer-Story wird von Multiplikatoren, wie Meinungsführern in Ihrer Branche, Händlern, Medien oder Ihren Kunden, weitererzählt. Mit den sozialen Medien haben Sie einen Turbolader, mit dem sich Ihre Offer-Story noch schneller, kostengünstiger und mit einer großen Reichweite herumsprechen kann. Lieblingsköder hat inzwischen eine höhere Reichweite als die beiden größten Anglermagazine in Deutschland zusammengenommen.

Noch besser ist es natürlich, wenn die Offer-Story so gut ist, dass sie in der analogen Welt weitererzählt wird. Eine Story, die von Freund zu Freund oder Kollege zu Kollege weitererzählt wird, führt noch öfter zu einer Kaufentscheidung als ein Facebook-Post. Aber egal, ob analog oder digital. Ziel ist es, dass sich Ihre Story im wörtlichen Sinne herumspricht. Eine gute Offer-Story eignet sich ideal dafür, so wie die Wettermethode von Lieblingsköder.

Das Beispiel: die Wettermethode von Lieblingsköder

Die Offer-Story von Lieblingsköder beginnt bei einem konkreten Problem des Kunden, der Überforderung bei der Köderauswahl. Die Wettermethode hilft, dieses Problem zu lösen.

Effektiv auf Zander und Co – Ein einfaches System zur Auswahl der passenden Farbe

Ich überlegte mir, wie ich ein System entwickeln kann, das mir bei der Auswahl des richtigen Gummiköders hilft, damit ich mich beim Angeln auf die Angelstelle und andere Faktoren konzentrieren kann. Ich wollte die Bedingungen am Wasser in ein einfaches System bringen. Ich begann zunächst mit sehr komplizierten Modellen, die Wassertiefe, Wasserfärbung, Trübung und Farbe des Untergrundes mit einbezogen.

Das glich dem Versuch, mit einem Fangtagebuch Rückschlüsse auf Mondphasen und Beißzeiten zu finden. Kurzum: Es war viel zu komplex, um für mich als Einsteiger effektiv zu sein.

Ich entschied mich dann dafür, nur noch mit 2 Faktoren zu arbeiten: dem Wetter und dem Wasser. Als ich mir die Begebenheiten aufzeichnete und versuchte, sie in eine Form zu bringen, kam mir eine Idee. Ich kombinierte Sonne und Wolken mit klarem und trübem Wasser und erhielt ein einfaches System mit 4 Zuständen. Die Wettermethode war geboren.

Die Wettermethode – klares Wasser mit Sonne oder Wolken, trübes Wasser mit Sonne oder Wolken

Mit den festgelegten 4 Zuständen – kurz „die Wettermethode" genannt – hatte ich eine effektive Grundlage, um meine Köder zu wählen und Angelprofis in die Entwicklung der Farbpalette einzubeziehen. Nach einer ca. einjährigen Testphase haben wir festgestellt, dass natürliche Farben in klarem Wasser mehr Fische bringen. Man kann sagen, je klarer das Wasser, desto natürlicher sollte der Köder aussehen, um viele Fische zu fangen. (Es gibt auch Ausnahmen, aber das würde an dieser Stelle den Rahmen sprengen.) Im Gegensatz dazu sind vor allem kontrastreiche Köder und so genannte „Schockfarben" in trüberem Wasser besser geeignet. Das Ergebnis war, dass ich mit der Wettermethode ein ganz einfaches System geschaffen hatte, mit dem ich wunderbar arbeiten konnte. Das ständige Wechseln des Köders fiel weg und ich konnte mich auf die Auswahl der passenden Angelstelle und auf die Köderführung konzentrieren. Es dauerte nicht lange, da stellten sich bei mir (endlich!) die Fangerfolge ein und ich konnte viele Fische fangen. Ich hoffe, dass auch euch die Wettermethode zum Erfolg führt und ihr viele Zander fangt!

Beste Grüße und Petri Heil!

Eurer Jens von Lieblingsköder

Abbildung 4.1 zeigt die Köder nach der Wettermethode.

Schauen wir uns die Offer-Story anhand der Storydefinition genauer an. Der Protagonist ist der Angler Jens von Lieblingsköder, stellvertretend für alle, die Zander fangen wollen. Angesichts der Überforderung von Anglern bei der Köderwahl will er eine Systematik entwickeln, um je nach Bedingung am Wasser immer den richtigen Köder zu finden (Situation). Die zahlreichen Einflussfaktoren führen zu komplizierten Modellen, die Anfänger bei der Köderwahl genauso überfordern würden wie das unüberschaubare Köderangebot, und helfen daher nicht weiter (Komplikation). Er entscheidet sich, die Einflussfaktoren auf zwei, Wasser und Wetter, zu reduzieren (Reaktion). Die Kombination der beiden Einflussfaktoren führt zu vier möglichen Bedingungen am Wasser. Mit der so genannten Wettermethode hat er eine Grundlage für eine zielgerichtete Köderentwicklung. Angler haben ein einfaches System für die Auswahl des richtigen Köders und können so ihren Fangerfolg systematisch erhöhen (Veränderung).

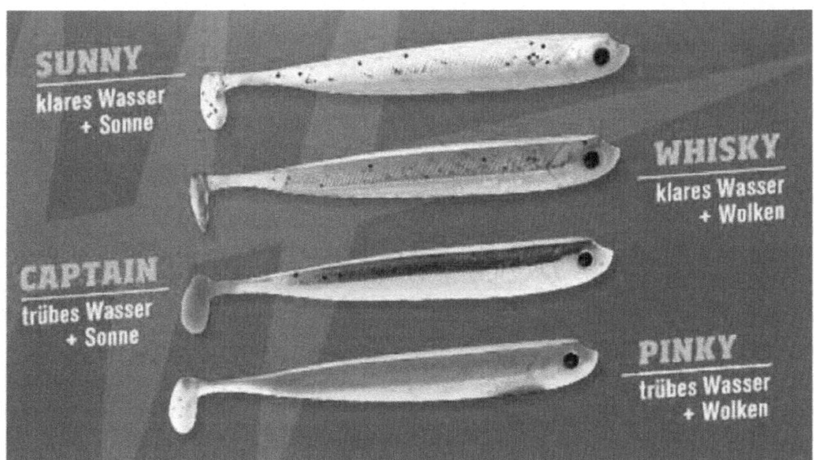

Abb. 4.1 Köder nach der Wettermethode

Die Wettermethode war die Grundlage für die Entwicklung des Köderangebotes. Farben, Materialien, Verpackung, Namen, alles baute darauf auf. Die Wettermethode wurde nicht nur in der Kommunikation gegenüber den Endkunden, sondern auch bei den Angelguides, den Händlern und den Betreibern von Anglerblogs eingesetzt. Und sie hat sich herumgesprochen. Sie ging viral. Alle Videos zu Lieblingsköder, die Angler selbst auf YouTube eingestellt haben, erklären die Wettermethode. Jeder Blog, der über Lieblingsköder berichtet, beschreibt die Wettermethode. Die Zanderguides erzählen sie, wenn sie von den Lieblingsködern sprechen. Die Namen der Köder wurden so gewählt, dass sie die Logik der Wettermethode unterstützen. Die Angler können sie sich so leichter merken. Ködernamen und Wettermethode zusammen ergeben ein Insiderwissen, welches gern weitergetragen wird. Menschen mögen es, wenn sie etwas verstehen und erklären können. Noch mehr mögen sie es, wenn sie damit einen Erfolg verbinden können, wie Angler den Fang eines Zanders. Das steigert ihr Ansehen und gibt ihnen ein gutes Gefühl.

Der Launch der Marke Lieblingsköder erfolgte im September 2013 auf dem Urban Fishing Contest in der deutschen Anglerhauptstadt Hamburg. Lieblingsköder verteilte auf der Messe Trinkflaschen, um die Wettermethode ins Gespräch zu bringen. Es gab zwei unterschiedliche Sorten. Flaschen mit Mineralwasser hatten ein Label, auf dem „klares Wasser" stand. Flaschen mit Apfelschorle hatten ein Label, auf dem „trübes Wasser" stand. Auf der Rückseite waren jeweils die passenden zwei Angelköder abgebildet und die Wettermethode erklärt. Innerhalb kürzester Zeit liefen die Besucher mit den Trinkflaschen über die Messe, verstanden die

Botschaft und stellten Bilder bei Facebook ein. Die Wettermethode war in aller Munde.

Ein weiteres Beispiel für den Einsatz der Offer-Story ist der kostenlose Vorabversand. Noch bevor die Köder im Laden zu kaufen waren, verschickte Lieblingsköder Proben samt Informationen zur Wettermethode kostenlos an Händler, Zanderguides und Angler. Die wiederum berichteten per Videos, Blogeinträgen und Posts von der Wettermethode und ihren Fangerfolgen damit. So wurden Konversationen über Lieblingsköder angeregt. Innerhalb weniger Wochen waren die Wettermethode, die Marke Lieblingsköder und die dazugehörigen Produkte in der Anglergemeinde bekannt. Das gesamte Sortiment verkaufte sich so schnell, dass die Lieferfähigkeit mehrfach der enormen Nachfrage erlag.

Stories sind besonders effektiv, wenn sie zum Ausgangspunkt für die Aktivitäten eines Unternehmens gemacht werden. Die Aktivitäten zum Launch der Marke basierten genauso wie die Produktentwicklung und die Produktion der Köder auf der Offer-Story. Dadurch zahlte alles auf die Wettermethode ein. Typische Zielkonflikte, zum Beispiel zwischen der Produktentwicklung, die viele Features entwickeln möchte, und dem Vertrieb, der sich ein einfaches Produkt wünscht, werden so minimiert. Die Entscheidungen ergeben sich aus der Story. Im Fall von Lieblingsköder ein Köder in vier Farben für vier unterschiedliche Situationen am Wasser.

4.4   Die Relevance-Story

Warum ist es wichtig, dass es Sie gibt?

Die Mission-Story beschreibt, was erreicht werden soll. Die Offer-Story beschreibt, wie diese Aufgabe gelöst wird. Die Relevance-Story soll Ihnen helfen, den Zweck und die Bedeutung Ihres Unternehmens zu erklären. Warum ist es wichtig, dass es Ihr Unternehmen gibt? Warum sollten die Kunden sich für Ihr Angebot entscheiden? Warum sollten Mitarbeiter zu Ihnen kommen? Warum sollten Journalisten über Sie berichten und Investoren Anteile an Ihrem Unternehmen erwerben wollen?

Im Englischen wird dafür in letzter Zeit oft der Begriff Purpose verwendet. Neben Vision- und Mission-Statements sollen nun Purpose-Statements dafür sorgen, dass Mitarbeiter motiviert und Kunden überzeugt sind. Purpose-Statements sollen verdeutlichen, wie sich die Arbeit der Unternehmen auf das Leben der Menschen auswirkt. Unternehmen können ihre Bedeutung am besten erklären, wenn sie bestehende Regeln, Überzeugungen oder die Art und Weise, wie Dinge erledigt werden, verändern. Dafür müssen sie nicht gleich die ganze Welt verändern. Auch kleine Veränderungen können das Leben verbessern, wie die Lieblingsköder das Leben der Angler. Analog zu den Mission-Statements besteht auch bei Purpose-Statements die Gefahr, dass allgemeine und nichtssagende Phrasen aneinandergereiht werden. Die Relevance-Story soll das verhindern.

Das Beispiel: Zanderfangen ist keine Geheimwissenschaft

Bei Lieblingsköder geht es um das Zanderfangen. Was sind die Geschichten dazu, die sich die Angler erzählen? Zander fangen gilt in der Anglergemeinde als eine Art Geheimwissenschaft. Nur wenige beherrschen sie. Dafür braucht man jahrelange Erfahrung.

Lieblingsköder versucht genau diese Einstellung zu überwinden. Die Wettermethode ist das Instrument dafür. Sie beschreibt, wann welcher Köder genutzt werden sollten, um die Fangwahrscheinlichkeit zu erhöhen. Welchen Einfluss hat das auf das Leben der Angler? Das Zanderfangen wird dadurch einfacher. Aus der *Ausgangssituation*, dass Zander angeln als Geheimwissenschaft betrachtet wird, entsteht die *Komplikation*, dass Anfänger dabei oft überfordert sind. Als *Reaktion* darauf entwickelt Lieblingsköder ein System zur Auswahl des passenden Köders. Die *Veränderung*: Jeder kann Zander fangen, ganz ohne Geheimwissenschaft. Das ist die Bedeutung von Lieblingsköder.

Ein Angler, der seinen ersten Zander gefangen hat, wird dieses Erlebnis nicht vergessen. So wie Dennis, der mit dem Lieblingsköder Sheriff nach 15 Jahren endlich seinen ersten Zander gefangen hat. Hier der Original-Post vom 15. Januar 2015.

Hey liebe Angelfreunde,
vergangene Woche bekam ich von Dennis Weyer aus Aachen ein ganz besonderes Fangfoto geschickt. Auf diesem ist er mit seinem ALLERERSTEN ZANDER abgebildet, den er mit Sheriff in 10 cm gefangen hatte. Die Bedingungen für Sheriff waren optimal – die Sonne war verschwunden und der Tag blieb trüb. Für Dennis war es ein großes Ereignis, den Zander an Land zu ziehen und vor allem ein schöner Start ins neue Jahr. Vielen Dank, Dennis, dass du dein Erlebnis mit uns teilst:
„03.01.15 – erster Angeltag im neuen Jahr:
Der erste Angeltag im neuen Jahr sollte für mich, ohne dass ich erst mal davon ausgegangen bin, ein ganz besonderer werden. Da, wie bei allen Holland-Anglern, mein VISpas abgelaufen war habe ich beschlossen, an einen nahegelegenen, nicht wirklich vielversprechenden See zu fahren, um meine Sucht zu befriedigen. Dort konnte ich meine Sheriffs in 10 cm, die ich im letzten Jahr gewonnen hatte, endlich mal ausprobieren.
Der Morgen sah wettertechnisch ganz gut aus – was sich aber bei der Hinfahrt änderte: Es fing an zu schneien! Von ein wenig Schnee lasse ich mich aber nicht unterkriegen und wollte mein Glück trotzdem versuchen. Als ich jedoch am Wasser ankam schlug

das Wetter dermaßen um … von Schnee auf Schneeregen und dann Platzregen. Es half alles nichts: Das Wetter besserte sich nicht und ich beschloss, die 5 km vom See wieder nach Hause zu fahren und den Tag abzubrechen.

Als ich mit dem Auto vor meiner Haustür stand – siehe da – hörte es auf zu regnen und ich fuhr zurück zum See, machte meine Angel am Auto zurecht und packte mir gezielt alle Köder für den Tag zusammen. Am Ufer angekommen sah ich zwei Angler und fragte sie, ob sich bis zum heftigen Regen irgendwas an ihren Ruten getan hätte. Dies verneinten die beiden frustriert. Naja, dachte ich mir, versuchen werde ich es trotzdem.

Ich knipste mir den 10-cm-Sheriff an den Wirbel und machte die ersten drei Würfe. Nach dem ersten Wurf kam einer der zwei Angler auf mich zu und fragte, wie ich denn fischen würde, und schaute mir bei den darauffolgenden zwei Würfen zu. Und schon beim Einholen des dritten Wurfes machte es *TOCK*! Ich war mir erst nicht sicher: War es jetzt nur ein Hänger oder hing wirklich was dran? Aber dann hab ich die ersten Schläge an der Rutenspitze gemerkt und sagte zu dem Angler: „Ich hab Biss!" Dieser schnappte sich total aufgeregt den Kescher und wartete, bis ich den Fisch bis ans Ufer manövriert hatte.

Ich traute meinen Augen kaum. ES WAR EIN ZANDER – mein ALLERERSTER Zander! Ein Zander genau aus dem See, von dem ich bisher nur davon ausgegangen bin, dass es lediglich einen guten Barsch-, Hecht- und Welsbestand gäbe.

Der nette Angler, der mir half, den Fisch zu landen, war sicher total genervt, weil er und sein Kumpel schon Stunden in der Kälte hockten und nichts fingen. Und dann komme ich, stelle mich lediglich 15 min lang ans Wasser und fische mit meinem absoluten Favoriten-Köder, dem Sheriff, meinen ersten Zander, auf den ich schon seit 15 Jahren warte! Sheriff brachte mir auch im vergangenen Jahr viel Fisch – meistens waren es Hechte von 60 cm bis zu einem Exemplar von 86 cm.

Der Zander wurde übrigens wieder ins Wasser gelassen, sodass der Tag für beide Parteien gut ausging;-)"

Was kann die Bedeutung von Lieblingsköder besser beschreiben als ein Angler, der nach 15 Jahren endlich seinen ersten Zander fängt? Auf dem Facebook-Account von Lieblingsköder gibt es zahlreiche solcher Erfahrungsberichte. Angler posten von ihrem ersten Zander oder von besonders vielen, schnellen oder großen Fängen. Diese Stories zeigen immer wieder, dass Lieblingsköder Anglern dabei hilft, Zander zu fangen. Genau das ist die Bedeutung von Lieblingsköder.

4.5 Die Ethics-Story

Welche Werte gelten für Sie?

Die rationale Logik der Unternehmensführung, wie sie Ende des letzten Jahrhunderts und zu Anfang der nuller Jahre maßgeblich war, wird zunehmend kritisch gesehen. In einer immer komplexeren Welt wird die einseitige Konzentration auf Shareholder Value für die Unternehmen selbst zum Risiko, weil Profitsteigerung, im Zweifelsfall zu Lasten von Mitarbeitern, der Umwelt oder der Kunden, als Selbstzweck nicht mehr ausreichen, um gesellschaftliche Akzeptanz zu sichern.

Unternehmen setzen neben guten Finanzkennzahlen daher vermehrt auf Werte. Dabei stehen vor allem Themen wie Nachhaltigkeit, gute Unternehmensführung, soziale Verantwortung oder eine stringente Kundenorientierung im Mittelpunkt. Damit diese abstrakten Werte auch tatsächlich das Handeln von Mitarbeitern prägen können, reicht es allerdings nicht aus, diesen Werten ein extra Kapitel im Jahresbericht zu widmen, wie ENRON es getan hat. Glaubwürdig werden Unternehmen nur, wenn die Werte im täglichen Handeln umgesetzt werden. Daran soll Sie die Ethics-Story im MORE-Ansatz erinnern. Sie beschreibt die Einstellung des Unternehmens zu marktspezifischem Verhalten.

Ein gutes Beispiel dafür sind die WOW-Stories von Ritz Carlton. Sie veranschaulichen, welche Werte das Handeln der Mitarbeiter der Hotelkette prägen sollen. Das Unternehmen sorgt über Anreize dafür, dass sich ständig neue Stories entwickeln. Im Gegensatz zu den anderen Stories ist das bei den Ethics-Stories besonders wichtig. Die Kultur eines Unternehmens ist nicht irgendwann fertig, sie wird jeden Tag durch das Verhalten der Mitarbeiter geprägt. Jeden Tag müssen die Werte neu gelebt werden. Immer neue Ethics-Stories stellen sicher, dass den Mitarbeitern die Werte Ihres Unternehmens als Orientierung für das tägliche Handeln präsent sind.

Das Beispiel: Ein Möhrchen für Christian

Aufgrund zahlreicher Anfragen und Erlebnisberichte seiner Kunden entwickelte Lieblingsköder einen neuen orangefarbenen Köder mit dem Namen Möhrchen. Kurz vor dem Launch des Produktes führte der Inhaber, Jens Puhle, eines seiner regelmäßigen Telefongespräche mit den Angelshops. Einer der Besitzer, nennen wir ihn Christian, hatte keine gute Zeit. Der letzte Zanderfang war schon eine Weile her und auch mit dem Angelshop lief es nicht besonders gut. Nach dem Gespräch verschickte Jens von Lieblingsköder sofort ein Paket mit den neuen Ködern. Auf der beiliegenden Karte stand:

> Lieber Christian,
> hiermit ist Deine Pechsträhne vorbei.
> Viele Grüße, Dein Möhrchen

Gleich als er das Päckchen erhalten hatte, ging Christian vom Angelladen ans Wasser. Nach langer Zeit fing er wieder einen Zander und am Abend gleich noch einen. Er postete sein Erlebnis auf der Facebook-Seite von Lieblingsköder und bekam als Antwort zahlreiche neue Bestellungen für seinen Angelshop. Denn er war der

Erste, der Shop, der die neuen Köder ausprobieren konnte. Die inzwischen stark gewachsene Fangemeinde von Lieblingsköder wollte den neuen Köder unbedingt haben. Diese Story veranschaulicht, was Lieblingsköder mit Kundenorientierung meint. Statt eines allgemeinen Appells, im Umgang mit den Kunden freundlich und hilfsbereit zu sein, zeigt diese Ethics-Story, wie Kundenorientierung bei Lieblingsköder gelebt werden soll.

Auch die Möhrchen-Story erfüllt die Storydefinition. Jens führt eines seiner regelmäßigen Gespräche mit einem Händler, Christian (Situation). Dieser berichtet ihm von einer anhaltenden Pechsträhne – am Wasser und im Laden (Komplikation). Daraufhin schickt Lieblingsköder ihm einen neuen Köder (Reaktion). Mit diesem Köder fängt er endlich wieder Zander. Nachdem er von seinem Erfolgserlebnis berichtet, erhält er sogar neue Bestellungen (Veränderung).

Ethics-Stories sollen verdeutlichen, dass es auch in der Wirtschaft letztlich um die Interaktion von Menschen geht. Sie handeln daher immer von menschlichen Werten und wie diese gelebt werden. Ethics-Stories fordern Ihre Mitarbeiter auf, selber so zu handeln, wie sie behandelt werden möchten. Sie fordern auf, den gesunden Menschenverstand zu nutzen. Sie fordern auf, die Initiative zu ergreifen, um Kunden zu überzeugen. Gute Ethics-Stories haben die Kraft, das Verhalten der Mitarbeiter zu prägen, damit aus Kunden echte Anhänger Ihres Unternehmens werden.

4.6 Zusammenfassung

- Der MORE-Ansatz enthält die vier Grundstories, die Sie als Unternehmer und Führungskraft brauchen.
- Die Mission-Story erklärt, was erreicht werden soll.
- Die Offer-Story soll zeigen, wie ein Kundenproblem gelöst wird. Protagonist ist der Kunde, nicht das Produkt oder Ihr Unternehmen.
- Die Relevance-Story erklärt, warum es wichtig ist, dass das Unternehmen existiert.
- Die Ethics-Story beschreibt die Werte, die das Verhalten Ihrer Mitarbeiter prägen sollen.

Stories entwickeln

5.1 Keine Angst vor Stories

Sie kennen nun die Bedeutung von Stories. Sie wissen, was eine Story ausmacht und welche Stories Sie als Führungskraft brauchen, um Strategien wirksam umzusetzen.

Vielleicht denken Sie jetzt: „Mag ja alles stimmen, aber ich bin nicht so der Geschichtenerzähler." Das müssen Sie auch nicht sein. Sie sind Führungskraft in einem Unternehmen. Niemand erwartet von Ihnen Poesie. Im Unternehmenskontext ist das Format wichtiger als der Stil. Mitarbeiter, Kunden, Investoren oder die Öffentlichkeit sollen verstehen, worum es Ihnen geht. Und die Fähigkeit zum Storytelling besitzt im Grunde jeder. Wir alle lesen, hören, erzählen und teilen Stories. Ob wir ein Buch lesen, unsere Lieblingsserie sehen oder unserem Partner Anekdoten von der Arbeit erzählen. Für die vier Stories nach dem MORE-Ansatz gilt wie für alle anderen auch: Erzählen Sie die Stories auf Ihre Art. Wenn Sie ein sachlicher Mensch sind, dann machen Sie aus Ihrer Mission-Story keine Fortsetzung von Indiana Jones. Erklären Sie einfach auf Ihre Art, was Ihr Unternehmen erreichen will. Falls Sie dennoch an Ihrer Storytelling-Performance arbeiten möchten, gibt es dazu umfassende Literatur, Coaches und Weiterbildungsangebote.

In diesem Buch geht es auch nicht um Story*telling*, es geht um die Stories an sich. Bevor Sie Stories erzählen können, sollten Sie daran arbeiten, gute Stories zu haben. Und Sie sollten wissen, wofür Sie welche Story einsetzen. Das fünfte Kapitel unterstützt Sie dabei, Ihre eigenen Stories zu entwickeln und systematisch für die Führungsarbeit zu nutzen.

Die Entwicklung von Stories hat etwas mit der Sicht auf die Dinge zu tun. Wenn Sie Stoff für Stories suchen, setzen Sie einfach Ihre Storybrille auf. Sie haben den Blick dafür in den ersten drei Teilen bereits geschärft. Denken Sie an die Bestandteile einer Story. Versuchen Sie das, was um Sie herum passiert, zuzuordnen. Um

© Springer Fachmedien Wiesbaden 2015
T. Rödiger, *On Story*, essentials, DOI 10.1007/978-3-658-09882-7_5

wen oder was geht es? Was ist die Ausgangssituation? Welche Komplikation entsteht daraus? Wie reagieren die Betroffenen? Welche Veränderung setzt dadurch ein? Und besonders wichtig: Sorgen Sie als Führungskraft dafür, dass neue Stories entstehen. Denn es geht nicht nur um Storytelling, sondern darum, dass Sie die Geschichte(n) Ihres Unternehmens immer wieder neu schreiben.

Mit dem MORE-Ansatz wissen Sie, welche Stories Sie als Unternehmer, Führungskraft oder Gründer brauchen, um Ihre Strategie umzusetzen. In diesem Teil lernen Sie ein weiteres Werkzeug kennen. Die Storykarte zeigt Ihnen, wie Sie Ihre Stories entwickeln können. Am Ende werden Sie

- eine einfache Übersicht über Ihre Stories auf einer Seite haben.
- eine Struktur besitzen, die Ihnen zeigt, wo noch Inhalte fehlen oder Unklarheiten bestehen.
- wissen, in welcher Reihenfolge Stories entwickelt werden.
- Möglichkeiten kennen, um den Erfolg Ihrer Stories zu messen.

5.2 Die Storykarte

Die Storykarte besteht aus den vier Stories nach dem MORE-Ansatz und ihren Bestandteilen. Wie wir gesehen haben, bestehen Stories aus einer Situation, aus der eine Komplikation erwächst, auf die der Protagonist reagiert, worauf eine Veränderung eintritt. Werden der MORE-Ansatz und die Bestandteile einer Story in eine Matrix übertragen, ergibt sich die Storykarte, wie sie in Abb. 5.1 gezeigt wird.

Mit der Storykarte haben Sie alle Bestandteile Ihrer Stories auf einer Seite. Sie bietet Ihnen eine Struktur. Einer der Vorteile einer Struktur ist, dass Sie sehen können, wo Unklarheit besteht oder Ihnen noch Inhalte fehlen. Sie erkennen die Leerstellen. Die Storykarte hat noch einen weiteren Vorteil. Sie können sie jederzeit dabeihaben. Sie können daran arbeiten, wenn Sie unterwegs sind. Sie können sie mit Ihrem Führungsteam besprechen. Sie können sich vor Präsentationen, Reden oder Interviews noch einmal einen Überblick verschaffen. Die Storykarte ist so konzipiert, dass Sie alle wesentlichen Informationen dafür immer auf einer Seite parat haben.

Da Sie alle Stories auf einer Seite haben, können Sie auch die Konsistenz der Stories im Blick behalten. Für eine möglichst konsistente Wahrnehmung des Unternehmens sollten sich die Stories ergänzen. Die Inhalte sollten sich wenig überschneiden und nicht widersprechen. Das Erfolgsrezept des MORE-Ansatzes ist Konsistenz und Verständlichkeit in der Wahrnehmung des Unternehmens. Wenn die vier Stories zusammenpassen, stehen die Chancen dafür gut. Die Storykarte ist

	Mission Was soll erreicht werden?	**Offer** Wie soll es erreicht werden?	**Relevance** Warum ist das wichtig?	**Ethics** Welche Regeln gelten dabei?
Situation				
Komplikation				
Reaktion				
Veränderung				

Abb. 5.1 Storykarte

damit auch ein Analysetool für die Ausrichtung des Unternehmens. Passen die Stories nicht zusammen, sollten Sie nach den Gründen suchen. Können Sie zu einem der Punkte keine Story anhand der vier Bestandteile Situation, Komplikation, Reaktion und Veränderung erzählen, dann sollten Sie überlegen, warum. Entweder fehlt Ihnen eine klare Strategie oder Ihnen ist noch nicht klar, wie sie umgesetzt werden soll.

Die Stories können und sollen vom Erzähler und an den jeweiligen Einsatzzweck angepasst werden. Der Gründer eines Startups braucht vielleicht eine andere Version einer Mission-Story als ein Teamleiter eines etablierten Unternehmens, der im Gespräch mit einem Mitarbeiter die Aufgabe des Unternehmens verdeutlichen will. Die Mission-Story von Lieblingsköder ist zum Beispiel als Erfahrungsbericht des Gründers verfasst und auf der Internetseite veröffentlicht. Im Gespräch mit den Angelshops wird sie kürzer und direkter kommuniziert. Verstehen Sie die Stories in der Storykarte daher als Archetypen mit ihren Grundbestandteilen und passen Sie diese an die jeweilige Situation an.

	Mission Was soll erreicht werden?	**Offer** Wie soll es erreicht werden?	**Relevance** Warum ist das wichtig?	**Ethics** Welche Regeln gelten dabei?
Situation	Jens ist Angler. Nach seinen ersten Erfahrungen wagt er sich an die Herausforderung, Zander zu fangen.	Jens will eine Systematik entwickeln, um immer den richtigen Köder zu haben.	Zander fangen gilt in der Anglergemein-schaft als Geheim-wissenschaft, die nur wenige beherrschen.	Kurz vor dem Launch des neuen Lieblingsköders führt Jens eines seiner regelmäßigen Telefonate mit einem Angelladenbesitzer.
Komplikation	Er ist mit den zahlreichen Faktoren, wie Wasser, Wetter, Köderauswahl und Standort überfordert.	Er versucht alle Faktoren zu berücksichtigen. Aber das wird viel zu kompliziert.	Anfängern fällt der Einstieg oft schwer. Aber ist es wirklich eine Geheimwissen-schaft?	Der Ladenbesitzer berichtet ihm von einer Pechsträhne, am Wasser und im Laden.
Reaktion	Verunsichert holt er sich Hilfe. Mit einem Angelguide klappt es.	Er entschließt sich, nur die beiden Faktoren Wetter und Wasser mit jeweils zwei Zuständen zu berücksichtigen. Daraus entsteht die Wettermethode.	Nein. Mit einem System zur richtigen Auswahl der Köder wird der Einstieg einfacher.	Jens schickt ihm daraufhin gleich ein Paket der neuen Köder „Möhrchen" noch vor dem Produktlaunch.
Veränderung	Nach diesem Erfolg will er das Geheim-nis lüften. Mit einem System zur richtigen Köderauswahl soll die Fangwahrscheinlich-keit steigen. Das Ziel: Die Lieblingsköder der Angler herstellen.	Er entwickelt Köder für die Wettermethode. Angler wissen jetzt, bei welchem Wetter sie welchen Köder nehmen müssen.	Zander fangen ist keine Geheim-wissenschaft. Jeder kann Zander fangen. Wir zeigen euch, wie's geht.	Der Ladenbesitzer probiert die „Möhrchen" sofort aus. Endlich fängt er wieder Zander, sogar zwei. Er postet davon und neue Bestellungen laufen ein.

Abb. 5.2 Storykarte von Lieblingsköder

In Abb. 5.2 sehen Sie die Storykarte von Lieblingsköder mit den vier Stories und den jeweiligen Grundbestandteilen.

Auch wenn Sie kein Angler sind, verstehen Sie mit der Storykarte, was Lieblingsköder erreichen will, wie das erreicht werden soll, warum es wichtig ist und welche Werte für das Unternehmen gelten. Der Zusammenhang, in dem das Unternehmen agiert, wird nachvollziehbar. Die Strategie wird verständlich. Diese Verständlichkeit hat einen hohen Wert. Denn nur, wenn Mitarbeiter die Strategie verstehen, können sie diese auch umsetzen. Wenn Kunden verstehen, wie ihnen das Unternehmen mit seinem Angebot hilft, ihre Probleme zu lösen, kann eine echte Kundenbeziehung entstehen. Wenn Investoren nachvollziehen können, wie das Unternehmen erfolgreich sein will, können sie besser entscheiden, ob sie sich beteiligen. Wie viele Unternehmen kennen Sie, die ihre Strategie auf einer Seite einfach und verständlich darlegen können? Sie können es jetzt – mit der Storykarte.

Die Storykarte ist nicht nur für das gesamte Unternehmen geeignet. Auch Geschäftsbereiche, Abteilungen und Teams können die Storykarte nutzen, um für ihre Bereiche und in ihren Bereiche nachvollziehbar zu erklären, was sie wie und warum machen und welche Werte dabei gelten. Wenn Sie das Wissen aus diesem

Buch anwenden, werden Sie in komplexen Situationen besser in der Lage sein, Ereignisse in einen Zusammenhang zu stellen, Muster zu erkennen und einen bestimmten Handlungsbedarf zu erklären. Das wird Ihnen helfen, zu führen. Mit den Bestandteilen einer Story gelingt es Ihnen, das tägliche Durcheinander im Arbeitsleben zu strukturieren und Orientierung bei der Umsetzung der Strategie Ihres Unternehmens zu geben.

5.3 Stories entwickeln

Schrittweise Entwicklung

Die Entwicklung der Storykarte ist ein schrittweiser Prozess und gelingt am besten im Team. Beziehen Sie Führungskräfte, Experten und Mitarbeiter mit direktem Kundenkontakt ein. Testen Sie Zwischenergebnisse immer wieder bei potenziellen Kunden, Lieferanten oder möglichen Investoren. Auch Freunde oder Bekannte, die nichts mit dem Umfeld des Unternehmens zu tun haben, können Ihnen wichtige Hinweise geben.

Sind die Stories relevant? Gibt es Verständnisfragen? Welche Reaktionen lösen sie aus? Beobachten Sie Ihr Gegenüber, während Sie erzählen. Eine gute Story führt zu einem Aha-Moment. Zu einem „Jetzt hab ich's verstanden". Sie werden es merken. Und wenn Sie schon einmal dabei sind, Ihre Stories zu testen, fragen Sie nach Erlebnissen, die Ihre Testpersonen mit Ihrem oder ähnlichen Unternehmen hatten. Woran können Sie sich erinnern? Was erzählt man sich über Ihr Unternehmen oder Ihre Branche? Welche Anekdoten haben Sie gehört? All das sind wichtige Hinweise für die Entwicklung Ihrer Stories.

Die richtige Reihenfolge

Die Reihenfolge der Stories ergibt sich aus dem Wort MORE. Beginnen Sie mit der Mission und arbeiten Sie sich an den einzelnen Stories entlang. Am schwierigsten fällt erfahrungsgemäß die Entwicklung der Relevance-Story, weil die Bedeutung eines Unternehmens, die Annahmen und dahinterstehenden Überzeugungen nicht immer offensichtlich sind. Wenn Sie die Mission-Story und die Offer-Story bereits entwickelt haben, gelingt es meistens einfacher, die Relevance-Story daraus abzuleiten.

Für die Bestandteile der jeweiligen Stories ist es am einfachsten, mit der Reaktion zu beginnen. Die Gründung des Unternehmens oder seine Neuaufstellung,

	Mission	Offer	Relevance	Ethics
③ Situation				
② Komplikation				
① Reaktion				
④ Veränderung				

Abb. 5.3 Storykarte mit Reihenfolge

Meilensteine in der Geschichte oder eine wichtige Initiative können dafür der Ausgangspunkt sein. Von der Reaktion können Sie zur Komplikation zurückgehen. So erklärt sich, wie es zu der Reaktion kam. Warum muss sich das Unternehmen neu aufstellen? Welches Problem soll damit gelöst werden? Oder auch: Welches Kundenproblem löst das Produkt? Von der Komplikation können Sie die Ausgangssituation ableiten, indem Sie fragen, aus welcher Situation die Komplikation entstanden ist. Damit haben Sie den Status quo beschrieben. Daraufhin können Sie die Veränderung im Vergleich zum Status quo beschreiben. In Abb. 5.3 ist der Reihenfolge der einzelnen Schritte dargestellt.

Wenn Sie eine Story erzählen, verändert sich die Reihenfolge. Achten Sie darauf, dass Sie zunächst ein Loch ausheben, um mit Kurt Vonnegut zu sprechen, bevor Sie von der Veränderung reden. Die Veränderung erhält ihren Wert aus der Komplikation. Oder einfacher ausgedrückt: Ohne Problem braucht man auch keine Lösung. Denken Sie an die Storyline aus dem zweiten Teil.

Stories werden also nicht in der Reihenfolge entwickelt, in der sie erzählt werden. Sie würden dann nicht so konsequent zu einem Ende hinführen. Wenn Sie

Ihre Bestandteile in der beschriebenen Reihenfolge entwickeln, fällst es Ihnen leichter, Unwichtiges auszusortieren und auf ein Ziel hinzuarbeiten. Ihre Stories haben dann einen roten Faden, weil alles aufeinander aufbaut. Sie sind dadurch nachvollziehbar und verständlich.

Kontinuierlicher Prozess

Grundsätzlich gilt für alle Stories, dass sie aktuell sein müssen, um relevant zu sein. Dafür müssen Sie nicht ständig die Mission Ihres Unternehmens anpassen. Sie sollten aber den Kontext, in dem Sie agieren, ständig im Blick behalten. Überprüfen Sie Ihre Storykarte regelmäßig. Passt sie in die Zeit? Berücksichtigt sie wichtige Entwicklungen in Ihrer Branche? Verändern sich die Probleme oder das Verhalten der Kunden? Ändern sich die Einstellungen zu bestimmten Themen, wie Datenschutz, Umwelt oder Gesundheit? Welche Bedeutung hat das für Ihre Stories und deren Relevanz? Geben Ihre Stories eine Antwort darauf?

Die Storykarte ist nicht zu einem bestimmten Zeitpunkt fertig. Stories können immer verbessert werden. Kann zum Beispiel der Kundennutzen in der Offer-Story noch konkreter beschrieben werden? Gibt es Alternativen, die eine höhere Mundpropaganda erzielen? Haben Mitarbeiter so gehandelt, dass die Werte noch besser vermittelt werden? Sehen Sie die Arbeit an Ihrer Storykarte als kontinuierlichen Prozess an.

5.4   Den Erfolg messen

Ein Führungsinstrument ist wirksam, wenn der Erfolg erkennbar ist. Leider ist Erfolg nicht immer einfach zu messen. Insbesondere der Kausalzusammenhang zwischen Ursache und Wirkung kann in den komplexen Systemen, in denen Unternehmen agieren, selten nachvollzogen werden.

Das Gute an Stories ist, dass man ihren Erfolg einfach überprüfen kann. Kennen Ihre Mitarbeiter die Mission-Story des Unternehmens? Haben Sie eine große Auswahl an WOW-Stories? Wenn nicht, schaffen Sie Strukturen, damit Stories in Ihrem Unternehmen systematisch erfasst werden, intern wie extern. Setzen Sie Anreize dafür, wie es Ritz Carlton gemacht hat.

Sie können auch nachverfolgen, ob und wie Ihre Offer-Story in den sozialen Medien geteilt wird. Werden Sie als glaubwürdig wahrgenommen? Führen die Stories zu mehr Kaufentscheidungen? Das alles lässt sich heutzutage ohne große Zeitverzögerung herausfinden. Nutzen Sie diese Informationen, um an Ihren Stories zu arbeiten.

Dafür brauchen Sie zunächst auch keine komplizierten Kennzahlensysteme, keine neue Software, keine neue Abteilung und keine neuen Manager. Als Gründer, Unternehmer oder Führungskraft sind Sie Ihr eigener „Chief Story Officer". Um zu wissen, ob Ihre Stories wirken, brauchen Sie nur Empathie und gesunden Menschenverstand.

5.5   Zusammenfassung

- Nehmen Sie den MORE-Ansatz als Ausgangspunkt beim Design Ihrer Wertschöpfungskette.
- Nutzen Sie die Storykarte als Analysewerkzeug und Führungsinstrument.
- Entwickeln Sie die Storykarte kontinuierlich weiter.
- Messen Sie den Erfolg. Nutzen Sie dafür das Internet und die sozialen Medien.

Was Sie aus diesem Essential mitnehmen können

- Sie kennen Story jetzt nicht nur als Schlagwort. Sie wissen auch, was es im Kontext von Unternehmen bedeutet und wie Sie Stories zielgerichtet einsetzen können.
- Sie wissen jetzt nicht nur, warum Stories wichtig sind und woraus eine Story besteht. Sie wissen auch, welche Stories Sie als Führungskraft benötigen, um Ihre Strategien umzusetzen.
- Mit dem More-Ansatz und der Storykarte haben Sie zwei Werkzeuge kennengelernt, die Ihnen bei der Entwicklung eigener Stories helfen.
- So können Sie die Verständlichkeit und Klarheit einfacher Stories für Ihre Überzeugungsarbeit als Führungskraft nutzen.

© Springer Fachmedien Wiesbaden 2015

43

T. Rödiger, *On Story,* essentials, DOI 10.1007/978-3-658-09882-7